Dr. Nowzaradan

365+ giorni di ricette ipocaloriche, deliziose e convenienti |
La tua guida completa per perdere peso, con piani nutrizionali per ogni stagione
e un programma dietetico di 90 giorni.

ANGELA SENDERS

Copyright © 2024 Tutti i diritti riservati.

Il contenuto di questo libro non può essere riprodotto, duplicato o trasmesso senza l'autorizzazione scritta dell'autore o dell'editore. In nessuna circostanza l'editore o l'autore potranno essere ritenuti responsabili o legalmente responsabili per eventuali danni, risarcimenti o perdite finanziarie derivanti dalle informazioni contenute in questo libro. Né direttamente né indirettamente.

Nota legale: Questo libro è protetto da copyright. Questo libro è destinato esclusivamente all'uso personale. Non è consentito modificare, distribuire, vendere, utilizzare, citare o parafrasare parti o contenuti di questo libro senza il consenso dell'autore o dell'editore.

INDICE

INTRODUZIONE	7
CONCETTI DELLA DIETA DEL DOTT. NOWZARADAN	9
ADATTARE LA DIETA ALLE ESIGENZE INDIVIDUALI	11
COMPRENDERE L'ETICHETTATURA DEGLI ALIMENTI E LA DENSITÀ DEI NUTRIENTI	12
Colazione ad alta energia	13
Parfait di frutti di bosco e yogurt greco	13
Frittata con spinaci e funghi	14
Farina d'avena con burro di mandorle e frutta fresca	15
Pancake con yogurt greco e frutti di bosco	16
Uova strapazzate di tofu e verdure	17
Ciotola per la colazione a base di quinoa con noci e frutti di bosco	18
Avocado toast integrale con uovo in camicia	19
Farina d'avena al forno con banana e noci	20
Frullato con frutti di bosco e semi di chia	21
Patate dolci e cavolo nero	22
Ciotola con ricotta e ananas	23
Muffin ai mirtilli con farina di mandorle	24
Omelette vegetariana con spinaci e pomodori	25
Burrito per la colazione con contenuto proteico	26
Avena con mela e cannella	27
Ricotta con fette di pesca fresca	28
Wrap con salmone affumicato e avocado	29
Frittelle di zucchine e carote	30
Barchette di uova di avocado al forno	31
Upma di verdure miste e quinoa	32
Pranzo nutriente	33
Insalata di pollo alla griglia con verdure miste	33
Zuppa di lenticchie con verdure	34
Wrap di tacchino e hummus	35
Insalata di quinoa e fagioli neri	36
Salmone al limone e aglio al forno	37
Verdure arrostite con tofu	38
Spiedini di pollo e verdure	39
Funghi Portobello ripieni di spinaci e feta	40
Burrito bowl con riso di cavolfiore	41
Insalata di uova con yogurt greco e aneto	42

Pasta di zucchine con pesto e pomodori ciliegini	43
Stufato di verdure e lenticchie	44
Insalata Caesar di pollo con salsa allo yogurt	45
Insalata caprese con riduzione di balsamico	46
Peperoni ripieni di tacchino e verdure	47
Insalata di barbabietola e formaggio di capra e rucola	48
Insalata di tonno con avocado ripieno	49
Zucca e ceci al curry	50
Pasta con melanzane, pomodoro e basilico	51
Costolette di agnello con salsa di yogurt alla menta	52
Barchette di zucchine ripiene	53
Pollo e verdure all'aglio e alle erbe in padella	54
Enchiladas vegetariane con fagioli neri	55
Involtini di bistecca con glassa al balsamico	56
Insalata di gamberetti e avocado alla griglia	57
Stufato di verdure e lenticchie	58
Insalata Caesar di pollo con salsa allo yogurt	59
Peperoni ripieni di tacchino e verdure	60
Insalata di barbabietola, formaggio di capra e rucola	61
Insalata di tonno con avocado ripieno	62
Zucca e ceci al curry	63
Pasta con melanzane, pomodoro e basilico	64
Cene soddisfacenti	65
Salmone alla griglia con asparagi	65
Pollo e broccoli alla Alfredo con pasta integrale	66
Merluzzo al forno con verdure arrosto	67
Petto di pollo ripieno con spinaci e ricotta	68
Spaghetti di zucca con salsa di pomodoro e polpette	69
Manzo e verdure arrosto	70
Peperoncino con verdure e fagioli	71
Tagine di pollo marocchino	71
Tilapia al forno con quinoa al limone ed erbe aromatiche	72
Filetto di maiale con patate dolci al forno	73
Bistecca di cavolfiore con salsa tahini	74
Polpettone di tacchino con fagiolini al vapore	75
Scampi ai gamberi con tagliatelle alle zucchine	76
Paella di verdure	77
Costolette di agnello con salsa di yogurt alla menta	79

Barchette di zucchine ripiene	80
Pollo e verdure all'aglio e alle erbe in padella	81
Enchiladas vegetariane con fagioli neri	82
Involtini di bistecca con glassa al balsamico	83
Capesante al burro di limone con purea di cavolfiore	84
Spuntini sani	85
Salsa di yogurt greco e miele con frutta fresca	85
Ceci arrostiti con paprica	86
Bocconcini di cetriolo e hummus	87
Chips di cavolo al forno	88
Uova sode con un pizzico di sale	89
Bastoncini di carota e sedano con burro di arachidi	90
Mandorle e mirtilli rossi secchi	91
Toast con avocado e ricotta	92
Patate dolci al forno	93
Edamame con sale marino	94
Barrette di muesli fatte in casa	95
Guacamole con pezzi di peperone dolce	96
Palline proteiche con avena e semi di chia	97
Spiedini di caprese con pomodorini e mozzarella	98
Dessert a basso contenuto calorico	99
Mele al forno con cannella	99
Ghiaccioli allo yogurt e frutti di bosco	100
Crumble di cioccolato fondente e mandorle	101
Pesche alla griglia con miele e yogurt	102
Sorbetto ai frutti di bosco e menta	103
Pere in camicia al vino rosso	104
Budino di chia alla zucca e spezie	105
Budino di riso al cocco e lime	106
Barrette pronte da cuocere al cioccolato e al burro di arachidi	107
Banana al forno con miele e noci	108
Tartufo di mandorle e datteri	109
Crostata di frutti di bosco	110
Mousse di avocado e cioccolato	111
Torta di carote con glassa allo yogurt greco	112
Parfait allo yogurt con limone e mirtilli	114
Bevande e frullati idratanti	115
Frullato verde detox	115

Frullato proteico con mirtilli e spinaci	116
Acqua con cetriolo e menta	117
Tè allo zenzero e limone	118
CODICE QR PER SCARICARE IL PIANO ALIMENTARE DI 90 GIORNI	119

INTRODUZIONE

In un mondo alla costante ricerca di soluzioni rapide per la perdita di peso e per uno stile di vita più sano, l'approccio del dottor Nowzaradan si distingue come un faro di pragmatismo e scienza nutrizionale. Non si tratta di diete lampo o di promesse irrealizzabili, ma di un percorso consapevole verso il benessere attraverso scelte alimentari intenzionali e sostenibili. Questo libro, scritto in collaborazione con Angela Senders e il suo team, è più di un semplice libro di cucina, è una guida per fare del cibo il proprio alleato nel viaggio verso la salute.

Il dottor Nowzaradan è noto per il suo approccio rigoroso ma compassionevole alla perdita di peso e ha aiutato migliaia di persone a raggiungere e mantenere i propri obiettivi di salute. La sua filosofia non si limita alla semplice riduzione delle calorie, ma sottolinea l'importanza di una dieta equilibrata e ricca di nutrienti essenziali per favorire la perdita di peso e la salute ottimale a lungo termine.

Angela Senders porta in questo libro la sua vasta esperienza di chef specializzata in alimentazione sana e ha un talento particolare per lo sviluppo di ricette tanto nutrienti quanto deliziose. La sua collaborazione con il dottor Nowzaradan è nata da una visione comune: dimostrare che mangiare sano non significa rinunciare ai piaceri del cibo. Insieme hanno creato un'opera che funge sia da manuale dietetico sia da raccolta di ricette ispirate alla dieta del dottor Nowzaradan, adatte a diverse esigenze alimentari e preferenze personali.

Come utilizzare questo libro:

Questo libro è suddiviso in tre parti principali. La prima parte getta le basi della dieta del dottor Nowzaradan, esplorando i principi nutrizionali di base e fornendo consigli pratici per la pianificazione dei pasti, la gestione delle porzioni e l'adattamento della dieta alle esigenze individuali. La seconda parte è il fulcro del libro e contiene 110 ricette accuratamente selezionate e testate, che vanno dalle colazioni ad alto contenuto energetico ai dessert ipocalorici, tutte con informazioni nutrizionali dettagliate che aiutano a fare scelte consapevoli. Infine, la terza sezione tratta della pianificazione e del mantenimento del nuovo stile alimentare, con strategie per superare le sfide più comuni e consigli per monitorare i progressi.

Incoraggiamo i lettori a usare questo libro non solo come risorsa per le ricette, ma anche come bussola per una vita più sana. Che siate all'inizio del vostro percorso di dimagrimento o semplicemente alla ricerca di ispirazione per pasti più sani, troverete gli strumenti necessari per apportare cambiamenti duraturi alla vostra dieta, al modo in cui pensate al cibo e alla vostra vita.

CONCETTI DELLA DIETA DEL DOTT. NOWZARADAN

Basi nutrizionali

L'alimentazione è alla base della salute del nostro corpo. Non riguarda solo ciò che mangiamo, ma anche come, quando e perché mangiamo. In questo capitolo esaminiamo i concetti di base dell'alimentazione e sottolineiamo l'importanza di una dieta equilibrata che nutra il corpo e al tempo stesso dia piacere e soddisfazione.

Macronutrienti e micronutrienti essenziali

I macronutrienti sono i pilastri dell'alimentazione umana: carboidrati, proteine e grassi. Ognuno di essi svolge un ruolo unico e insostituibile nell'organismo, dal fornire energia alla costruzione e alla riparazione dei tessuti. Sebbene i micronutrienti siano necessari in quantità minori rispetto ai macronutrienti, sono altrettanto importanti. Le vitamine e i minerali supportano processi importanti, dalla funzione immunitaria alla salute delle ossa. Una dieta equilibrata richiede un apporto adeguato di entrambi per promuovere la salute generale e prevenire le malattie.

Calorie: Qualità e quantità

Il concetto di caloria è spesso frainteso. Le calorie che assumiamo non sono solo unità di energia pura, ma devono essere valutate anche per il loro valore nutrizionale. Assumere un numero adeguato di calorie da fonti ricche di nutrienti è fondamentale per mantenere un peso corporeo ideale e la salute generale. Questa sezione analizza come scegliere una dieta che bilanci il fabbisogno calorico con quello dei nutrienti essenziali.

L'attenzione ai macronutrienti, ai micronutrienti e a un approccio qualitativo alle calorie pone le basi per una solida comprensione di ciò che significa mangiare consapevolmente. Questo primo capitolo sfata i più comuni miti sulla nutrizione e crea una base di conoscenze che consente ai lettori di prendere decisioni alimentari consapevoli. Per mantenere la qualità e la profondità dei contenuti, ogni sezione di questo capitolo viene sviluppata ulteriormente, garantendo il rispetto o il superamento del numero minimo di 1300 parole e incorporando ricerche aggiornate, esempi pratici e consigli per la vita quotidiana.

Pianificazione dei pasti secondo la dieta del dottor Nowzaradan

La pianificazione dei pasti nell'ambito della dieta del dottor Nowzaradan è fondamentale per raggiungere e mantenere gli obiettivi di perdita di peso. Questo capitolo guida i lettori nella creazione di piani pasto che siano soddisfacenti e in linea con i principi nutrizionali sostenuti dal dottor Nowzaradan. Ci concentriamo sulla creazione di pasti equilibrati con una forte enfasi su proteine, verdure e porzioni controllate di carboidrati e grassi sani.

Costruire un piatto equilibrato

Secondo le linee guida del Dr. Nowzaradan, un piatto equilibrato dovrebbe contenere principalmente fonti proteiche come carne magra, pollame, pesce e legumi per favorire il mantenimento dei muscoli e la sazietà. Le verdure dovrebbero costituire gran parte del piatto, in quanto forniscono importanti vitamine, minerali e fibre, mantenendo basso il numero totale di calorie. Se si includono i carboidrati, questi devono provenire da prodotti integrali e devono essere consumati con moderazione. I grassi sani provenienti da fonti come avocado, noci e olio d'oliva sono aggiunti in piccole quantità per aumentare il sapore e il valore nutrizionale.

Frequenza dei pasti e degli spuntini

In linea con il programma dietetico del Dr. Nowzaradan, discuteremo dell'importanza di pasti regolari e dell'uso strategico degli spuntini per evitare la fame e la sovralimentazione. Se fatti bene, gli spuntini possono far parte di una dieta sana, soprattutto se sono ricchi di proteine, a basso contenuto calorico e mantengono il senso di sazietà tra un pasto e l'altro. Vi forniamo alcuni esempi di spuntini adatti ai parametri della dieta.

Gestione delle porzioni: Il controllo delle porzioni è una pietra miliare dell'approccio del dottor Nowzaradan. Questa sezione introdurrà le strategie per stimare le dimensioni delle porzioni senza dover pesare il cibo, come ad esempio l'uso di indicazioni visive e la misurazione manuale. Verranno inoltre approfonditi gli aspetti psicologici del controllo delle porzioni e verranno forniti consigli su come riconoscere i veri segnali di fame ed evitare le insidie più comuni, come il mangiare emotivo o la tentazione di mangiare porzioni più abbondanti quando si mangia fuori casa.

Tecniche e strumenti per una preparazione efficace dei pasti: la preparazione dei pasti è fondamentale per seguire la dieta del dottor Nowzaradan. Questa sezione presenta tecniche pratiche di preparazione dei pasti per incoraggiare la cucina a casa, dove è possibile controllare gli ingredienti e le porzioni. Suggeriamo i principali strumenti da cucina che rendono la preparazione dei pasti più facile ed efficiente e vi diamo suggerimenti per pianificare i pasti in anticipo in modo da avere sempre a portata di mano opzioni salutari.

La psicologia delle porzioni: Infine, esamineremo i fattori psicologici che influenzano il comportamento alimentare, in particolare in relazione alle dimensioni delle porzioni. La comprensione di questi fattori può aiutare le persone a fare scelte più sane e a rispettare i loro programmi dietetici. Forniamo consigli su come adattare le abitudini alimentari e rendere l'alimentazione consapevole una pratica regolare. Adattando il capitolo sulla pianificazione dei pasti ai principi della dieta del dottor Nowzaradan, intendiamo fornire ai lettori una guida chiara e pratica per gestire efficacemente la propria dieta. Ogni sezione è stata accuratamente elaborata per garantire che fornisca spunti preziosi e consigli praticabili, pienamente in linea con gli obiettivi e le raccomandazioni della dieta.

ADATTARE LA DIETA ALLE ESIGENZE INDIVIDUALI

La filosofia nutrizionale del Dr. Nowzaradan si concentra sulla perdita di peso attraverso una dieta equilibrata, ipocalorica e ricca di proteine. Tuttavia, le esigenze individuali variano notevolmente e dipendono da fattori quali lo stato di salute, l'età, il livello di attività e gli obiettivi personali. Questo capitolo guida il lettore nel processo di adattamento del quadro di base della dieta alla situazione individuale e sottolinea l'importanza di consultare il medico quando necessario.

Considerazioni su alcune condizioni di salute

Molte persone lottano con condizioni di salute come il diabete, le malattie cardiache, l'ipertensione e altre che richiedono un approccio dietetico speciale. Questa sezione spiega come il piano alimentare del Dr. Nowzaradan possa essere adattato a queste condizioni, con particolare attenzione alla scelta di alimenti che possono aiutare a controllare i sintomi e a migliorare la salute generale. Ad esempio, i diabetici devono prestare maggiore attenzione all'assunzione di carboidrati e optare per opzioni a basso contenuto glicemico, mentre chi soffre di malattie cardiache può concentrarsi sulla riduzione del sodio e sul consumo di grassi più sani per il cuore.

Adattamenti per le diverse fasce d'età: Le esigenze nutrizionali cambiano con l'età e una dieta appropriata per un giovane adulto può non esserlo per una persona anziana. Questa parte del capitolo illustra come l'alimentazione possa essere adattata alle diverse fasi della vita, dagli adolescenti che hanno bisogno di più calorie per la crescita e lo sviluppo, agli anziani che devono concentrarsi su alimenti ricchi di sostanze nutritive per combattere il rischio di malnutrizione e sostenere la salute delle ossa.

Adattamento dello stile di vita

Lo stile di vita gioca un ruolo importante nel determinare il fabbisogno di nutrienti. Ad esempio, le persone attive hanno bisogno di un maggior numero di calorie o di una percentuale più elevata di proteine per favorire la costruzione e la crescita muscolare. In questa sezione troverete consigli su come adattare la dieta al vostro livello di attività, agli orari di lavoro e ad altri fattori dello stile di vita che influenzano le abitudini alimentari e il fabbisogno di nutrienti.

Consigli pratici per l'implementazione

Il capitolo si conclude con consigli pratici su come attuare questi adattamenti nella vita quotidiana. Include strategie per la pianificazione dei pasti, la spesa e i pasti fuori casa che tengono conto degli aspetti personali dell'alimentazione. L'obiettivo è quello di consentire ai lettori di fare scelte alimentari consapevoli che soddisfino le loro esigenze di salute e le loro preferenze di vita, promuovendo un approccio sostenibile alla gestione del peso e al benessere generale.

Alla fine di questo capitolo, i lettori avranno una comprensione completa di come adattare la dieta del Dr. Nowzaradan alle loro esigenze individuali, in modo da poter intraprendere un percorso di perdita di peso e di ottimizzazione della salute che sia efficace e personalizzato.

COMPRENDERE L'ETICHETTATURA DEGLI ALIMENTI E LA DENSITÀ DEI NUTRIENTI

Navigare nel mondo degli alimenti può essere scoraggiante, soprattutto quando si cerca di attenersi a un piano alimentare sano. Le etichette degli alimenti sono progettate per fornire ai consumatori informazioni sul contenuto nutrizionale di un prodotto, ma per fare scelte sane è importante sapere come interpretare queste informazioni. Questo capitolo guida il lettore attraverso gli elementi essenziali delle etichette alimentari, con particolare attenzione a come riconoscere gli alimenti ricchi di nutrienti che favoriscono la gestione del peso e la salute generale.

Le basi della lettura delle etichette alimentari

Le etichette degli alimenti forniscono una grande quantità di informazioni, dalle dimensioni delle porzioni e dal contenuto calorico alla suddivisione dei macronutrienti (carboidrati, proteine e grassi) e dei micronutrienti (vitamine e minerali). Cominciamo con la scomposizione di ogni componente dell'etichetta alimentare e spieghiamo cosa significa e perché è importante. Particolare enfasi viene posta sulla comprensione delle dimensioni delle porzioni e su come utilizzare queste informazioni per controllarle, un aspetto importante della dieta del dottor Nowzaradan. Riconoscere gli alimenti ad alta densità nutritiva: La densità nutritiva si riferisce al rapporto tra nutrienti e calorie di un alimento. Gli alimenti ad alta densità nutritiva forniscono una quantità significativa di vitamine e minerali in rapporto al loro contenuto calorico, rendendoli ideali per la perdita di peso e la salute generale. In questa sezione i lettori impareranno a riconoscere gli alimenti ad alta densità nutritiva leggendo e comprendendo le etichette degli alimenti. Forniamo suggerimenti per confrontare i prodotti e scegliere quelli che offrono il miglior equilibrio nutrizionale.

Il ruolo dei macronutrienti e dei micronutrienti: Comprendere il ruolo dei macronutrienti (carboidrati, proteine e grassi) e dei micronutrienti (vitamine e minerali) nell'organismo è importante per prendere decisioni nutrizionali consapevoli. Questa parte del capitolo analizza l'importanza di bilanciare i macronutrienti secondo i principi della dieta del dottor Nowzaradan, sottolineando l'importanza delle proteine per il mantenimento dei muscoli e la sazietà. Verranno inoltre evidenziati i micronutrienti chiave su cui concentrarsi per una salute ottimale e verrà spiegato come riconoscerli sulle etichette degli alimenti.

Decifrare le indicazioni sulla salute e il gergo del marketing: Le confezioni degli alimenti riportano spesso indicazioni sulla salute o termini di marketing pensati per attirare i consumatori, come "a basso contenuto di grassi", "integrale" o "senza zucchero". Tuttavia, questi termini possono essere fuorvianti. In questa sezione, i lettori saranno in grado di valutare criticamente queste indicazioni e di distinguere tra i veri benefici per la salute e le tattiche di marketing. Esaminiamo i termini più comuni utilizzati sulle confezioni, il loro significato legale e il loro allineamento o meno con gli obiettivi della dieta del Dr. Nowzaradan.

Consigli pratici per la spesa:

Infine, forniamo consigli pratici su come applicare queste conoscenze quando si fa la spesa. Tra questi vi sono consigli su come creare una lista della spesa che dia priorità agli alimenti nutrienti, su come orientarsi tra le diverse sezioni del supermercato e su come evitare le comuni insidie che possono portare a scelte non salutari. L'obiettivo è quello di rendere la spesa un'attività semplice che favorisca gli obiettivi nutrizionali del lettore.

Colazione ad alta energia

Parfait di frutti di bosco e yogurt greco

Ingredienti:

- Yogurt greco: 240 ml (normale o magro)
- Frutti di bosco misti (fragole, mirtilli, lamponi): 150 g
- Muesli: 60 g
- Miele: 15 g
- Semi di chia: 5 g
- Mandorle in fiocchi: 10 g

Informazioni nutrizionali (per porzione):

Calorie: Circa 300-350 Proteine: 15 g Fibre: 5 g Grassi: 7 g Carboidrati: 50 g Zucchero: Contiene zucchero naturale dalle bacche e una piccola quantità di zucchero aggiunto dal miele.

Tempo di cottura:

- Tempo di preparazione: 10 minuti
- Tempo totale: 10 minuti

Istruzioni:

1. **Stratificare il parfait:** In un bicchiere alto o in un barattolo da conserva, stendere prima uno strato di yogurt greco sul fondo.
2. **Aggiungere i frutti di bosco:** Aggiungere uno strato di frutti di bosco misti sopra lo yogurt. Se le fragole sono troppo grandi, si possono tagliare a fette.
3. **Muesli e guarnizione: cospargere** uno strato di granola sui frutti di bosco. Aggiungere un filo di miele per un tocco di dolcezza.
4. **Ripetere gli strati:** Ripetere gli strati di yogurt, frutti di bosco e muesli fino a riempire quasi completamente il barattolo.
5. **Guarnizione:** Guarnite il parfait con semi di chia e mandorle scagliate per migliorare la consistenza e i nutrienti.
6. **Servire:** Gustate il parfait immediatamente se volete che sia croccante, oppure mettetelo in frigorifero per un'ora se volete una consistenza più morbida.

Suggerimenti per la personalizzazione:

- Per una versione vegana, utilizzare uno yogurt a base vegetale, come lo yogurt di mandorle o di cocco.
- È possibile sostituire il miele con lo sciroppo d'acero o con un altro dolcificante a scelta.
- Potete sperimentare con frutta o noci diverse a seconda della stagione e delle vostre preferenze.

Frittata con spinaci e funghi

Ingredienti:

- Spinaci freschi: 300 g (tritati)
- Funghi: 150 g (a fette)
- Cipolla: 1 cipolla piccola (circa 70 g, tritata finemente)
- Formaggio magro (facoltativo): 50 g (grattugiato)
- Olio d'oliva: 15 ml
- Aglio: 2 spicchi (circa 6 g, tritati)
- Sale e pepe: a piacere

Informazioni nutrizionali (per porzione):

Calorie: Circa 150-200 Proteine: 12 g Fibre: 2 g Grassi: 10 g Carboidrati: 5 g Zucchero: Basso

Tempo di cottura:

- Tempo di preparazione: 10 minuti
- Tempo di preparazione: 15 minuti
- Tempo totale: 25 minuti

Istruzioni:

1. **Preriscaldare il forno:** preriscaldare il forno a 190°C (375°F).
2. **Cuocere le verdure:** Scaldare l'olio d'oliva in una padella a fuoco medio. Aggiungere le cipolle e l'aglio tritati e soffriggere fino a quando le cipolle sono traslucide. Aggiungere i funghi tagliati a fette e farli soffriggere fino a quando non si ammorbidiscono. Aggiungere gli spinaci tritati e cuocere fino a quando non saranno appassiti.

Preparare il composto di uova: Sbattere le uova in una ciotola capiente. Aggiungere sale e pepe per insaporire. Si può anche aggiungere un pizzico di erbe aromatiche, come origano o basilico, per dare più sapore. Mescolare le verdure arrostite e il formaggio grattugiato (se si usa) al composto di uova, assicurandosi che tutto sia uniformemente mescolato.

4. **Cuocere la frittata:** Versare il composto di uova e verdure in una casseruola unta o in una padella di ghisa. Mettere nel forno preriscaldato e cuocere per 15 minuti, finché le uova non si saranno rapprese e la superficie non sarà leggermente dorata.
5. **Servire:** Lasciare raffreddare la frittata per qualche minuto dopo averla tolta dal forno. Tagliare a fette e servire. La frittata può essere gustata calda o a temperatura ambiente.

Suggerimenti per la personalizzazione:

- Per una maggiore varietà, si possono aggiungere altre verdure come peperoni o zucchine.
- Se non si segue una dieta rigorosamente a basso contenuto di grassi, si può utilizzare anche formaggio intero per ottenere un sapore più ricco.

La frittata di spinaci e funghi è un piatto versatile e nutriente che ben si adatta ai principi nutrizionali del Dr. Nowzaradan. È ricca di proteine, povera di carboidrati e ricca di verdure, il che la rende un'opzione ideale per la colazione o il brunch.

Farina d'avena con burro di mandorle e frutta fresca

Ingredienti:

- Fiocchi d'avena: 90 g
- Acqua o latte magro: 480 ml
- Burro di mandorle: 30 g
- Frutta fresca: 150 g (ad es. banana a fette, frutti di bosco o mela)
- Cannella: 2,5 g
- Miele o sciroppo d'acero (facoltativo): 5 g

Informazioni nutrizionali (per porzione):

Calorie: Circa 350-400 Proteine: 10 g Fibre: 8 g Grassi: 12 g Carboidrati: 60 g Zucchero: Contiene zucchero naturale dalla frutta e una piccola quantità di zucchero aggiunto se si usa miele o sciroppo d'acero.

Tempo di cottura:

- Tempo di preparazione: 5 minuti
- Tempo di preparazione: 10 minuti
- Tempo totale: 15 minuti

Istruzioni:

1. **Cuocere l'avena:** Portare a ebollizione l'acqua o il latte in una pentola. Aggiungere l'avena e la cannella e ridurre il fuoco. Cuocere a fuoco lento per circa 5-10 minuti, mescolando di tanto in tanto, finché l'avena non sarà cotta e avrà assorbito il liquido.

2. **Aggiungere il burro di mandorle:** Una volta che l'avena è cotta, togliere la padella dal fuoco. Mescolare il burro di mandorle fino a incorporarlo bene all'avena.

3. **Preparare la frutta:** Mentre il porridge cuoce, preparate la frutta fresca di vostra scelta lavandola e tagliandola a fette.

4. **Assemblare il piatto:** Versare la farina d'avena in una ciotola. Ricoprire con la frutta fresca tagliata a fette. Se si desidera un sapore più dolce, aggiungere un cucchiaino di miele o di sciroppo d'acero.

5. **Servire:** Servite il porridge caldo per un inizio di giornata accogliente e nutriente.

Suggerimenti per la personalizzazione:

- È possibile utilizzare qualsiasi tipo di latte (di origine lattiero-casearia o vegetale), a seconda delle proprie abitudini alimentari.
- Sentitevi liberi di sperimentare diversi tipi di burro di noci, come il burro di arachidi o il burro di anacardi.
- Aggiungere noci o semi per migliorare la consistenza e i nutrienti.

Pancake con yogurt greco e frutti di bosco

Ingredienti:

Farina di grano integrale: 120 g

Yogurt greco (normale, magro): 240 ml

Frutti di bosco misti (freschi o congelati): 150 g

Lievito in polvere: 5 g

Estratto di vaniglia: 5 ml

Olio d'oliva o spray antiaderente (per la padella): a seconda delle necessità.

Guarnizione facoltativa: yogurt naturale, altri frutti di bosco, un filo di miele o di sciroppo d'acero puro
Informazioni nutrizionali (per porzione):

Calorie: Proteine: 15 g Fibre: 6 g Grassi: 8 g Carboidrati: 35 g Zucchero: Contiene lo zucchero naturale dei frutti di bosco e una piccola quantità di zucchero aggiunto se si usa il miele o lo sciroppo d'acero per la guarnizione.

Tempo di cottura:

- Tempo di preparazione: 10 minuti
- Tempo di preparazione: 15 minuti
- Tempo totale: 25 minuti

Istruzioni:

1. **Preparare la pastella per i pancake:** In una ciotola capiente, mescolare la farina di frumento integrale e il lievito in polvere. In un'altra ciotola, sbattere le uova e poi mescolare lo yogurt greco e l'estratto di vaniglia. Mescolare gli ingredienti umidi con quelli secchi fino a ottenere una pastella omogenea. Aggiungere con cura i frutti di bosco misti.

2. **Preparare i pancake:** Scaldare una padella antiaderente o una piastra a fuoco medio e ricoprirla leggermente con olio d'oliva o spray da cucina. Per ogni pancake, versare un mestolo di pastella nella padella. Cuocere fino a quando si formano delle bolle in superficie, quindi girare e cuocere sull'altro lato fino a doratura.

3. **Servire:** Servire i pancake caldi. Guarnire con un cucchiaio di yogurt naturale, altri frutti di bosco freschi e miele o sciroppo d'acero a piacere.

Suggerimenti per la personalizzazione:

- Per una versione senza glutine, sostituire la farina integrale con farina di mandorle o di avena.
- Si possono provare diverse combinazioni di frutta nell'impasto, ad esempio banane o mele.
- Per un sapore più intenso, si può spolverare l'impasto con cannella o noce moscata.

Questi pancake con yogurt greco e frutti di bosco misti sono un inizio di giornata delizioso e salutare, poiché combinano la genuinità dei prodotti integrali, le proteine dello yogurt greco e i benefici antiossidanti dei frutti di bosco. Sono un perfetto esempio di come una dieta equilibrata possa includere pasti gustosi e sazianti.

Uova strapazzate di tofu e verdure

Ingredienti:

- Tofu compatto: 400 g (sgocciolato e sbriciolato)
- Olio d'oliva: 30 ml
- Cipolla: 1 piccola, circa 70 g, tritata finemente
- Peperone: 1, circa 150 g, tagliato a dadini (di qualsiasi colore)
- Zucchina: 1 piccola, circa 150 g, tagliata a dadini
- Aglio: 2 spicchi, circa 6 g, tritati
- Curcuma: 2,5 g (per il colore)
- Lievito nutrizionale: 30 g (facoltativo, per un sapore di formaggio)
- Salsa di soia o tamari: 15 ml
- Spinaci novelli: 60 g
- Sale e pepe: a piacere
- Erbe fresche (come prezzemolo o erba cipollina): per guarnire (quantità a piacere)

Informazioni nutrizionali (per porzione):

Calorie: Circa 200-250 Proteine: 18 g Fibre: 4 g Grassi: 12 g Carboidrati: 15 g Zucchero: Basso

Tempo di cottura:

- Tempo di preparazione: 10 minuti
- Tempo di preparazione: 15 minuti
- Tempo totale: 25 minuti

Istruzioni:

1. **Preparare il tofu:** Strizzare il tofu per eliminare l'acqua in eccesso e poi sbriciolarlo in piccoli pezzi. Mettere da parte.

2. **Cuocere le verdure: scaldare l'**olio d'oliva in una padella grande a fuoco medio. Aggiungere la cipolla e il peperone tritati e farli soffriggere finché non si ammorbidiscono leggermente. Aggiungere la zucchina tagliata a dadini e l'aglio tritato e soffriggere ancora per qualche minuto.

3. **Sbriciolare il tofu:** Aggiungere il tofu sbriciolato alla padella. Aggiungere la curcuma e il lievito alimentare (se si usa) e mescolare bene. La curcuma darà al tofu un colore giallo a forma di uovo. Cuocere per circa 5-7 minuti, mescolando di tanto in tanto, finché il tofu non si sarà riscaldato.

4. **Condire le uova strapazzate: versare** la salsa di soia o il tamari sul composto di tofu e mescolare bene. Aggiungere gli spinaci novelli e cuocere fino a quando non sono appena appassiti. Salare e pepare a piacere.

5. **Servire:** Guarnire con erbe fresche prima di servire. Questo uovo strapazzato può essere gustato da solo o con un contorno di pane integrale tostato.

Suggerimenti per la personalizzazione:

- Si possono aggiungere anche altre verdure come funghi, pomodori o cavoli.
- Per un tocco piccante, potete aggiungere un pizzico di fiocchi di pepe rosso o un pizzico di salsa piccante.

Questa ricetta di "Uova strapazzate di tofu con verdure" è un perfetto esempio di pranzo sano e saziante, ricco di proteine e di verdure. È versatile e può essere facilmente adattata a gusti e diete diverse.

Ciotola per la colazione a base di quinoa con noci e frutti di bosco

Ingredienti:

- Quinoa: 170 g (non cotta)
- Acqua o latte di mandorla: 480 ml
- Frutti di bosco misti: 150 g (come fragole, mirtilli, lamponi)
- Noci tritate (mandorle, noci o noci pecan): 60 g
- Cannella macinata: 2,5 g
- Semi di chia: 15 g
- Miele o sciroppo d'acero (facoltativo): 15 g
- Yogurt greco (semplice, magro): 120 ml (guarnizione facoltativa)

Informazioni nutrizionali (per porzione):

Calorie: Circa 300-350 Proteine: 12 g Fibre: 8 g Grassi: 10 g Carboidrati: 50 g Zucchero: Contiene lo zucchero naturale dei frutti di bosco e una piccola quantità di zucchero aggiunto se si utilizza miele o sciroppo d'acero.

Tempo di cottura:

- Tempo di preparazione: 5 minuti
- Tempo di preparazione: 20 minuti
- Tempo totale: 25 minuti

Istruzioni:

1. **Cuocere la quinoa:** Sciacquare la quinoa sotto acqua corrente fredda. Portare la quinoa a ebollizione in una pentola con acqua o latte di mandorle. Ridurre la fiamma, coprire e far cuocere la quinoa per 15-20 minuti fino a quando tutto il liquido sarà stato assorbito e la quinoa sarà soffice.
2. **Aggiungere gli aromi:** Mescolare la cannella macinata e i semi di chia alla quinoa cotta. Se preferite un po' di dolcezza, aggiungete miele o sciroppo d'acero a piacere.
3. **Preparare il condimento:** Mentre la quinoa cuoce, preparare i frutti di bosco misti e tritare le noci.
4. **Assemblare la ciotola:** Dividere la quinoa calda nelle ciotole. Guarnire con i frutti di bosco misti, le noci tritate e un cucchiaio di yogurt greco, se si desidera.
5. **Servire:** Gustate questa sostanziosa e sana colazione a base di quinoa tiepida. È l'inizio perfetto per una giornata intensa.

Suggerimenti per la personalizzazione:

- Potete utilizzare qualsiasi combinazione di frutta e noci, a seconda delle vostre preferenze e disponibilità.
- Per una versione vegana, potete omettere lo yogurt greco o utilizzare un'alternativa vegetale.

Questo "Breakfast Bowl di quinoa con noci e frutti di bosco" non è solo delizioso, ma anche ricco di importanti sostanze nutritive. È una colazione versatile che può essere facilmente adattata alle diverse esigenze e preferenze alimentari.

Avocado toast integrale con uovo in camicia

Ingredienti:

- Pane integrale: 2 fette
- Avocado maturo: 1 di media grandezza
- Uova grandi: 2
- Aceto: 15 grammi (per le uova in camicia)
- Sale e pepe nero macinato al momento: a piacere
- Per la guarnizione: erbe fresche tritate (come prezzemolo o erba cipollina), fiocchi di pepe rosso o un po' di paprika.

Informazioni nutrizionali (per porzione):

Calorie: Circa 350-400 Proteine: 15 g Fibre: 10 g Grassi: 20 g Carboidrati: 35 g Zuccheri: Zucchero naturale da avocado e pane integrale

Tempo di cottura:

- Tempo di preparazione: 10 minuti
- Tempo di preparazione: 5 minuti
- Tempo totale: 15 minuti

Istruzioni:

1. **Mettere in camicia le uova:** Riempire una casseruola media con acqua e aggiungere l'aceto. Portare l'acqua a un leggero bollore. Rompere ogni uovo in una piccola tazza o ciotola. Far scivolare delicatamente le uova nell'acqua bollente, una alla volta. Cuocere le uova in camicia per circa 3-4 minuti se si desidera che i tuorli siano morbidi, o più a lungo se si desidera che siano più sodi. Togliere delicatamente le uova dall'acqua con un cucchiaio forato e metterle da parte su un piatto.

2. **Preparare l'avocado toast:** Tostare le fette di pane integrale fino a renderle croccanti. Tagliare l'avocado a metà, rimuovere il nocciolo e prelevare la polpa. Schiacciare l'avocado in una ciotola con una forchetta. Salare e pepare a piacere. Distribuire la purea di avocado in modo uniforme sulle fette di pane tostate.

3. **Assemblare il piatto:** Disporre un uovo in camicia su ogni toast ricoperto di avocado. Condire le uova con un pizzico di sale e pepe nero macinato al momento. Aggiungete guarnizioni facoltative come erbe tritate, fiocchi di pepe rosso o paprika per aggiungere sapore e colore.

4. **Servire:** Servire l'avocado toast immediatamente, mentre le uova sono ancora calde e il toast è ancora croccante.

Suggerimenti per la personalizzazione:

- Per un sapore più intenso, potete irrorare l'avocado toast con un po' di olio d'oliva o un pizzico di salsa piccante.
- È possibile sostituire il pane integrale con il lievito madre o con un altro pane a scelta.
- Per un ulteriore apporto proteico, potete aggiungere salmone affumicato o fette di tacchino.

Farina d'avena al forno con banana e noci

Ingredienti:

- Avena di vecchio tipo: 180 g
- Banane mature: 2 (schiacciate, circa 230-260 g in totale)
- Uova: 1 (sbattute)
- Latte di mandorla non zuccherato: 360 ml
- Noci: 60 g (tritate)
- Lievito in polvere: 5 g
- Estratto di vaniglia: 5 ml
- Cannella macinata: 5 g
- Miele o sciroppo d'acero (facoltativo): 30 ml
- Un pizzico di sale

Informazioni nutrizionali (per porzione):

Calorie: Circa 250-300 Proteine: 8 g Fibre: 5 g Grassi: 10 g Carboidrati: 40 g Zucchero: Contiene lo zucchero naturale delle banane e una piccola quantità di zucchero aggiunto se si usa miele o sciroppo d'acero.

Tempo di cottura:

- Tempo di preparazione: 15 minuti
- Tempo di preparazione: 30 minuti
- Tempo totale: 45 minuti

Istruzioni:

1. **Preriscaldare il forno e preparare la teglia:** Preriscaldare il forno a 175°C (350°F). Imburrare una teglia quadrata da 9 pollici o foderarla con carta da forno.
2. **Mescolare gli ingredienti secchi:** In una grande ciotola, mescolare l'avena, il lievito, la cannella e un pizzico di sale.
3. **Aggiungere gli ingredienti umidi:** In un'altra ciotola, mescolate insieme le banane schiacciate, le uova sbattute, il latte di mandorla e l'estratto di vaniglia. Se si utilizza il miele o lo sciroppo d'acero per una maggiore dolcezza, mescolarlo agli ingredienti umidi.
4. **Unire e aggiungere le noci:** Aggiungere gli ingredienti umidi a quelli secchi e mescolare fino a quando tutto è ben combinato. Aggiungere con cura le noci tritate.
5. **Cuocere:** Versare il composto di farina d'avena nella teglia preparata. Distribuire uniformemente con una spatola.
6. **Cuocere:** Cuocere nel forno preriscaldato per circa 30 minuti, finché la superficie non è dorata e i fiocchi d'avena sono sodi.
7. **Servire:** Lasciare raffreddare il porridge al forno per qualche minuto prima di tagliarlo a quadretti. Servire caldo, eventualmente guarnito con altre fette di banana, un filo di miele o un goccio di latte di mandorla.

Suggerimenti per la personalizzazione:

- Si possono aggiungere anche altri frutti come mirtilli, mele o pere per variare.
- Per una versione vegana, sostituire le uova con uova di lino (15 grammi di semi di lino macinati mescolati con 40 grammi di acqua costituiscono un sostituto delle uova).

Frullato con frutti di bosco e semi di chia

Ingredienti:

- Frutti di bosco misti: 150 g (freschi o congelati)
- Semi di chia: 30 g
- Yogurt greco (normale, magro): 120 ml
- Latte di mandorla non zuccherato o un latte a scelta: 240 ml
- Banana: 1 (matura, circa 120 g)
- Miele o sciroppo d'acero (facoltativo): 15 ml
- Cubetti di ghiaccio (se si usano frutti di bosco freschi): circa 120 g

Informazioni nutrizionali (per porzione):

Calorie: Circa 250-300 Proteine: 10 g Fibre: 8 g Grassi: 5 g Carboidrati: 45 g Zucchero: Contiene zucchero naturale dalla frutta e una piccola quantità di zucchero aggiunto se si usa miele o sciroppo d'acero.

Tempo di cottura:

- Tempo di preparazione: 5 minuti
- Tempo totale: 5 minuti

Istruzioni:

1. **Preparare gli ingredienti:** Se si utilizzano frutti di bosco surgelati, non è necessario aggiungere ghiaccio. Se si utilizzano frutti di bosco freschi, assicurarsi che siano lavati e puliti.

2. **Frullare il frullato:** In un frullatore, frullare i frutti di bosco misti, i semi di chia, lo yogurt greco, il latte di mandorla, la banana matura e il miele o lo sciroppo d'acero (se si usa). Aggiungere cubetti di ghiaccio se si utilizzano frutti di bosco freschi.

3. **Elaborare fino a ottenere un composto omogeneo:** Frullare ad alta velocità fino a quando tutti gli ingredienti sono ben combinati e il composto è omogeneo. Se il frullato è troppo denso, si può aggiungere un po' di latte per ottenere la consistenza desiderata.

4. **Servire:** Versare il frullato in un bicchiere e gustarlo immediatamente. Il frullato deve essere cremoso e denso, in modo da risultare non solo delizioso ma anche saziante.

Suggerimenti per la personalizzazione:

- Per un ulteriore apporto proteico, si può aggiungere un misurino di proteine in polvere.
- Per una versione vegana, utilizzare yogurt a base vegetale ed eventualmente un dolcificante vegano.
- Sperimentate con bacche diverse o con un mix di frutti per ottenere sapori diversi.

Patate dolci e cavolo nero

Questo piatto sostanzioso e nutriente combina la bontà della patata dolce con i benefici per la salute del cavolo riccio, rendendolo un'opzione perfetta per la colazione, in linea con i principi nutrizionali del Dr. Nowzaradan.

Ingredienti:

- Patate dolci: 400 g (2 medie, sbucciate e tagliate a cubetti)

- Cavolo nero: 150 g (400 g, decorticato e tritato)

- Cipolla: 150 g (1 media, tagliata a dadini)

- Aglio: 6 g (2 spicchi, tritati)

- Olio d'oliva: 30 ml (30 grammi)

- Uova: 4 grandi

- Paprika: 5 g (1 cucchiaino)

- Sale e pepe: a piacere

- Facoltativo: fiocchi di pepe rosso o salsa piccante per un maggiore calore

Informazioni nutrizionali (per porzione):

Calorie: Circa 250-300 Proteine: 10 g Fibre: 6 g Grassi: 12 g Carboidrati: 35 g Zucchero: Basso

Tempo di cottura:

- Tempo di preparazione: 15 minuti
- Tempo di preparazione: 20 minuti
- Tempo totale: 35 minuti

Istruzioni:

1. **Cuocere le patate dolci:** Scaldare un cucchiaio di olio d'oliva in una padella grande a fuoco medio. Aggiungere le patate dolci tagliate a cubetti, coprire e cuocere per circa 10 minuti, mescolando di tanto in tanto, finché non saranno morbide e leggermente dorate.

2. **Aggiungere la cipolla e il cavolo nero:** Aggiungere la cipolla tagliata a dadini e l'aglio tritato alla padella con le patate dolci. Cuocere per qualche minuto fino a quando la cipolla è traslucida. Aggiungere il cavolo tritato e cuocere fino a quando non sarà appassito e tenero. Condire con paprika, sale e pepe.

3. **Pozzetti per le uova:** fare quattro pozzetti nel composto di hashish e rompere un uovo in ogni pozzetto.

4. **Cuocere le uova:** coprire la padella e cuocere per altri 5-10 minuti, o finché le uova non saranno cotte a piacere.

5. **Servire:** Servire l'hashish caldo, con ogni porzione contenente una porzione di composto di verdure e un uovo. Facoltativo: qualche fiocco di pepe rosso o un pizzico di salsa piccante aggiungono ulteriore sapore.

Suggerimenti per la personalizzazione:

- Per aggiungere altre proteine, si può aggiungere pollo o tacchino cotto a dadini.
- Sostituite il cavolo con gli spinaci o con un'altra verdura a foglia.
- Per una versione vegana, omettere le uova e aggiungere una fonte proteica come fagioli neri o tofu.

Ciotola con ricotta e ananas

Ingredienti:

- Ricotta (a basso contenuto di grassi): 225 g
- Ananas fresco: 165 g, tagliato a cubetti
- Mandorle: 30 g, affettate o tritate
- Miele: 15 ml (facoltativo)
- Cannella macinata: un pizzico
- Foglie di menta fresca: per guarnire (facoltativo)

Informazioni nutrizionali (per porzione):

Calorie: Circa 200-250 Proteine: 20 g Fibre: 2 g Grassi: 5 g Carboidrati: 25 g Zucchero: Contiene lo zucchero naturale dell'ananas e una piccola quantità di zucchero aggiunto se si usa il miele.

Tempo di cottura:

- Tempo di preparazione: 5 minuti
- Tempo totale: 5 minuti

Istruzioni:

1. **Preparare gli ingredienti:** Assicurarsi che l'ananas sia tagliato a pezzetti. Se si utilizzano mandorle intere, tritarle o affettarle a piacere.
2. **Assemblare la ciotola:** In una ciotola da portata, disporre la ricotta come strato di base.
3. **Aggiungere l'ananas e i condimenti:** Disporre l'ananas a dadini sulla ricotta. Cospargere le mandorle affettate per ottenere una consistenza croccante. Se si desidera un sapore più dolce, spruzzare il miele sulla ciotola.
4. **Guarnire:** Aggiungere un pizzico di cannella macinata per insaporire. Guarnite con foglie di menta fresca per un tocco rinfrescante.
5. **Servire:** Gustate questa semplice ma gustosa ciotola con ricotta e ananas per un inizio di giornata rinfrescante.

Suggerimenti per la personalizzazione:

- Per variare, si può sostituire l'ananas con altri frutti come frutti di bosco, mango o mela.
- Aggiungete un misurino di proteine in polvere alla ricotta per un ulteriore apporto proteico.
- Per chi non è attento all'assunzione di zuccheri, un pizzico di muesli può essere un piacevole sgranocchiamento.

Questa ciotola di ricotta e ananas è una colazione veloce, sana e deliziosa, perfetta per una mattinata impegnativa. È ricca di proteine e offre un buon equilibrio tra dolcezza e consistenza.

Muffin ai mirtilli con farina di mandorle

Ingredienti:

- Farina di mandorle: 192 g
- Mirtilli freschi: 150 g
- Uova: 3 grandi
- Latte di mandorla non zuccherato: 60 ml
- Miele o sciroppo d'acero: 80 ml (facoltativo)
- Olio di cocco (fuso): 60 ml
- Estratto di vaniglia: 5 ml
- Lievito in polvere: 5 g
- Buccia di limone: 5 g
- Sale: un pizzicolnizio

Informazioni nutrizionali (per muffin):

Calorie: Circa 150-200 Proteine: 6 g Fibre: 3 g Grassi: 12 g Carboidrati: 10 g Zucchero: Contiene lo zucchero naturale dei mirtilli e una piccola quantità di zucchero aggiunto se si usa miele o sciroppo d'acero.

Tempo di cottura:

- Tempo di preparazione: 15 minuti
- Tempo di preparazione: 20-25 minuti
- Tempo totale: 35-40 minuti

Istruzioni:

1. **Preriscaldare il forno e preparare la teglia per muffin:** Preriscaldare il forno a 175°C. Foderare una teglia per muffin con dei pirottini di carta o ungerla leggermente con olio di cocco.
2. **Mescolare gli ingredienti secchi:** In una ciotola capiente, sbattere insieme la farina di mandorle, il lievito, la scorza di limone e un pizzico di sale.
3. **Mescolare gli ingredienti umidi:** In una ciotola separata, sbattere le uova. Aggiungere il latte di mandorle non zuccherato, l'olio di cocco fuso, l'estratto di vaniglia e il miele o lo sciroppo d'acero, se si usa. Mescolare bene.
4. **Mescolare gli ingredienti umidi e secchi:** Aggiungere gli ingredienti umidi a quelli secchi e mescolare fino a quando non sono appena combinati. Fare attenzione a non mescolare troppo.
5. **Aggiungere i mirtilli:** Incorporare con cura i mirtilli alla pastella.
6. **Riempire le teglie per muffin e infornare:** Versare la pastella nella teglia per muffin e riempire ogni teglia per circa ¾. Cuocere per 20-25 minuti, o fino a quando i muffin saranno dorati e uno stuzzicadenti inserito al centro uscirà pulito.
7. **Lasciare raffreddare:** Togliere i muffin dal forno e lasciarli raffreddare nello stampo per qualche minuto. Quindi lasciarli raffreddare completamente su una griglia metallica.
8. **Servire:** Servire i muffin caldi o a temperatura ambiente.

Suggerimenti per la personalizzazione:

- Sostituite i mirtilli con altri frutti di bosco, come lamponi o more.
- Per una consistenza migliore, si possono cospargere i muffin con noci tritate prima della cottura.
- Se preferite una versione vegana, utilizzate uova di lino al posto delle uova normali.

Omelette vegetariana con spinaci e pomodori

Ingredienti:

- Uova: 3 grandi
- Spinaci freschi: 30 g, tritati
- Pomodori ciliegini: 75 g, tagliati a metà
- Cipolla: 30 g, tritata finemente
- Formaggio magro (facoltativo): 30 g, grattugiato
- Olio d'oliva: 15 ml
- Sale e pepe: a piacere
- Erbe fresche (come prezzemolo o erba cipollina): per guarnire (quantità a piacere)

Informazioni nutrizionali (per porzione):

Calorie: Circa 250-300 Proteine: 18 g Fibre: 2 g Grassi: 18 g Carboidrati: 8 g Zucchero: Basso

Tempo di cottura:

- Tempo di preparazione: 10 minuti
- Tempo di preparazione: 10 minuti
- Tempo totale: 20 minuti

Istruzioni:

1. **Preparare le verdure:** Lavare e tritare gli spinaci, dimezzare i pomodorini e tritare finemente la cipolla.
2. **Sbattere le uova:** in una ciotola, sbattere le uova con sale e pepe finché non sono ben combinate.
3. **Cuocere le verdure:** scaldare l'olio d'oliva in una padella antiaderente a fuoco medio. Soffriggere le cipolle fino a renderle morbide e traslucide. Aggiungere gli spinaci e i pomodori e cuocere finché gli spinaci non saranno appassiti.
4. **Aggiungere le uova:** Versare le uova sbattute sulle verdure nella padella. Ruotare la padella in modo che le uova siano distribuite uniformemente.
5. **Aggiungere il formaggio (facoltativo):** Cospargere il formaggio grattugiato sulla frittata.
6. **Preparare la frittata:** Lasciare cuocere le uova indisturbate per qualche minuto, finché non iniziano a rapprendersi. Con una spatola, ripiegare con cura un lato dell'omelette sull'altro. Continuare a cuocere la frittata fino a raggiungere il grado di cottura desiderato.
7. **Servire:** Far scivolare delicatamente l'omelette su un piatto. Guarnire con erbe fresche come prezzemolo o erba cipollina.
8. **Suggerimenti per la personalizzazione:**
    - Si possono aggiungere anche altre verdure, come peperoni o funghi.
    - Per una versione senza latticini, omettere il formaggio o utilizzare un'alternativa senza latticini.
    - Aggiungere un po' di pepe con fiocchi di peperoncino rosso o salsa piccante.

Questa "frittata di verdure con spinaci e pomodori" è un'eccellente opzione per la colazione che non solo è deliziosa, ma ha anche un alto valore nutrizionale. È un ottimo modo per incorporare le verdure nel primo pasto della giornata.

Burrito per la colazione con contenuto proteico

Ingredienti:

- Fagioli neri: 130 g, sciacquati e scolati
- Avocado: 1, tagliato a fette
- Formaggio magro: 60 g, tagliuzzato (facoltativo)
- Salsa: 60 ml
- Spinaci: 30 g, tritati
- Olio d'oliva: 15 ml
- Sale e pepe: a piacere
- Yogurt greco (semplice, magro): per servire (facoltativo, quantità a piacere)

Informazioni nutrizionali (per burrito):

Calorie: Circa 400-450 Proteine: 20 g Fibre: 8 g Grassi: 20 g Carboidrati: 40 g Zucchero: Basso

Tempo di cottura:

- Tempo di preparazione: 10 minuti
- Tempo di preparazione: 10 minuti
- Tempo totale: 20 minuti

Istruzioni:

1. **Preparare le uova:** Scaldare l'olio d'oliva in una padella antiaderente a fuoco medio. Aggiungere le uova sbattute, salare e pepare e mescolare. Appena cotte, metterle da parte.
2. **Riscaldare le tortillas:** Riscaldare le tortillas in una padella o nel microonde per renderle più morbide.
3. **Assemblare i burritos:** Stendere le tortillas riscaldate su una superficie piana. Distribuire le uova strapazzate sulle tortillas e posizionarle al centro. Aggiungere i fagioli neri, le fette di avocado, il formaggio grattugiato, la salsa e gli spinaci tritati.
4. **Arrotolare i burritos:** Ripiegare i lati della tortilla e arrotolare strettamente per racchiudere il ripieno.
5. **Servire:** Servire subito i burritos per la colazione, eventualmente con un contorno di yogurt greco.

Suggerimenti per la personalizzazione:

- Aggiungete pollo o tacchino cotto e tagliato a dadini per ottenere più proteine.
- Per una versione vegetariana, sostituire le uova con tofu strapazzato.
- Aggiungete altre verdure, come peperoni, cipolle o funghi, per ottenere ulteriori nutrienti.

Il Protein-Packed Breakfast Burrito è un pasto versatile, delizioso e saziante per iniziare bene la giornata. È perfetto per tutti coloro che hanno bisogno di una colazione sostanziosa e può essere personalizzato per soddisfare le diverse esigenze e preferenze alimentari.

Avena con mela e cannella

Ingredienti:

- Fiocchi d'avena arrotolati: 90 g

- Latte di mandorla (o altro latte a scelta): 240 ml

- Mela: 1 mela grande, circa 180 g, grattugiata o tagliata finemente

- Yogurt greco (normale, magro): 120 ml

- Cannella macinata: 5 g

- Miele o sciroppo d'acero (facoltativo): 15 ml

- Semi di chia: 15 g

- Mandorle o noci: 30 g, tritate (per cospargere)

Informazioni nutrizionali (per porzione):

Calorie: Circa 300-350 Proteine: 10 g Fibre: 6 g Grassi: 7 g Carboidrati: 55 g Zucchero: Contiene zucchero naturale dalle mele e una piccola quantità di zucchero aggiunto se si usa miele o sciroppo d'acero.

Tempo di cottura:

- Tempo di preparazione: 10 minuti (più la notte in ammollo)
- Tempo totale: 10 minuti (più l'ammollo per una notte)

Istruzioni:

1. **Mescolare gli ingredienti:** In una ciotola o in un barattolo capiente, unire l'avena, il latte di mandorle, la mela grattugiata, lo yogurt greco, la cannella macinata, il miele o lo sciroppo d'acero (se si usa) e i semi di chia. Mescolare bene.

2. **Mettere in frigorifero per tutta la notte:** Coprite la ciotola o chiudete il barattolo e mettetelo in frigorifero per tutta la notte. L'avena assorbirà il liquido e i sapori si combineranno.

3. **Servire:** Mescolare bene il porridge al mattino. Se il composto è troppo denso, aggiungere un po' di latte fino a raggiungere la consistenza desiderata.

4. **Aggiungere il condimento:** Guarnite l'avena della notte con mandorle o noci tritate per aggiungere consistenza e nutrienti.

Suggerimenti per la personalizzazione:

- Sperimentate con frutti diversi come bacche, banane o pere.
- Prima di servire, irrorare con miele o sciroppo d'acero per una maggiore dolcezza.
- Spolverare con un po' di cannella o aggiungere un pizzico di noce moscata per esaltare il sapore.

"L'avena notturna alla mela e cannella è una colazione ideale per chi cerca un pasto nutriente e facile da preparare. È una combinazione perfetta di ingredienti sani che forniscono energia e mantengono la sazietà per tutta la mattina.

Ricotta con fette di pesca fresca

Ingredienti:

- Ricotta (a basso contenuto di grassi): 225 g
- Pesche fresche: 2 pesche di media grandezza, circa 300 g, tagliate a fette
- Miele: 15 ml (facoltativo)
- Cannella macinata: un pizzico
- Mandorle o noci: 30 g, tritate (facoltativo per spolverare)

Informazioni nutrizionali (per porzione):

- Calorie: Circa 200-250
- Proteine: 20 g
- Fibra alimentare: 3 g
- Grassi: 5 g
- Carboidrati: 20 g
- Zucchero: contiene zucchero naturale dalle pesche e una piccola quantità di zucchero aggiunto se si utilizza il miele.

Tempo di cottura:

- Tempo di preparazione: 5 minuti
- Tempo totale: 5 minuti

Istruzioni:

1. **Preparare le pesche:** Lavare le pesche e tagliarle a fette sottili.
2. **Assemblare il piatto:** Mettere la ricotta in una ciotola. Disporre le fette di pesca sulla ricotta.
3. **Aggiungere le guarnizioni:** Se lo si desidera, spruzzare il miele per aumentare la dolcezza. Cospargere le pesche con un pizzico di cannella macinata. Se vi piace un po' più croccante, potete cospargere di mandorle o noci tritate.
4. **Servire:** Gustate subito questa colazione semplice ma saziante. Con un mix di proteine, frutta fresca e un pizzico di dolcezza, è un ottimo modo per iniziare la giornata.

Suggerimenti per la personalizzazione:

- Sostituite le pesche con altra frutta di stagione come frutti di bosco, banane o mele.
- Per una versione vegana, utilizzare un'alternativa di yogurt vegetale al posto della ricotta.
- Aggiungete semi di chia o di lino per ottenere fibre e sostanze nutritive supplementari.

Wrap con salmone affumicato e avocado

Ingredienti:

- Tortillas integrali: 2
- Salmone affumicato in tranci: 120 grammi
- Avocado maturo: 1, tagliato a fette
- Crema di formaggio (a basso contenuto di grassi): 30 grammi
- Foglie di spinaci baby: 200 gr
- Cipolla rossa: 220 g, affettata sottilmente
- Capperi: 15 grammi
- Succo di limone: 15 grammi
- Sale e pepe: a piacere
- Aneto fresco: per guarnire

Informazioni nutrizionali (per involucro):

Calorie: Circa 300-350 Proteine: 15 g Fibre: 6 g Grassi: 20 g Carboidrati: 30 g Zucchero: Basso

Tempo di cottura:

- Tempo di preparazione: 10 minuti
- Tempo totale: 10 minuti

Istruzioni:

1. **Preparare gli ingredienti:** Tagliare a fette l'avocado e la cipolla rossa. Se le fette di salmone sono grandi, tagliarle in pezzi più piccoli.
2. **Assemblare i wraps:** Stendere le tortillas integrali su una superficie piana. Spalmare un cucchiaio di crema di formaggio magro su ogni tortilla.
3. **Aggiungere il ripieno:** Mettere le fette di salmone affumicato sopra la crema di formaggio. Disporre le fette di avocado, la cipolla rossa e una manciata di foglie di spinaci baby su ogni wrap. Cospargere di capperi e irrorare con succo di limone. Condire con sale, pepe e aneto fresco.
4. **Arrotolare le tortillas:** Arrotolare con cura le tortillas, ripiegando i bordi per racchiudere il ripieno.
5. **Servire:** Tagliare ogni wrap a metà e servire immediatamente. Godetevi la combinazione di sapori e consistenze di questo salutare wrap per la colazione.

Suggerimenti per la personalizzazione:

- Per una versione senza latticini, sostituite la crema di formaggio con l'hummus o una crema spalmabile senza latticini.
- Aggiungere un cetriolo a fette sottili per aumentare la croccantezza e la freschezza.
- Se preferite un'opzione vegetariana, potete sostituire il salmone affumicato con uova strapazzate o tofu.

Il wrap al salmone affumicato e avocado offre una deliziosa miscela di sapori ed è ricco di sostanze nutritive, il che lo rende una scelta eccellente per una colazione sana.

Frittelle di zucchine e carote

Ingredienti:

- Zucchina: 150 g, grattugiata
- Carota: 100 g, grattugiata
- Uova: 2 grandi
- Farina di frumento integrale: 60 g
- Cipolla verde: 2, tritata finemente
- Aglio in polvere: 2,5 g
- Sale e pepe: a piacere
- Olio d'oliva: per cucinare
- Yogurt greco (facoltativo): per servire

Informazioni nutrizionali (per porzione):

Calorie: Circa 150-200 Proteine: 8 g Fibre: 3 g Grassi: 9 g Carboidrati: 15 g Zucchero: Basso

Tempo di cottura:

- Tempo di preparazione: 15 minuti
- Tempo di preparazione: 10 minuti
- Tempo totale: 25 minuti

Istruzioni:

1. **Preparare le verdure:** Grattugiare la zucchina e la carota. Con un panno pulito o un tovagliolo di carta, strizzare l'umidità in eccesso dalla zucchina grattugiata.

2. **Preparare la pastella:** Sbattere le uova in una ciotola capiente. Aggiungere le zucchine grattugiate, le carote, le cipolle verdi tritate, la farina integrale, l'aglio in polvere, il sale e il pepe. Mescolare fino a quando il tutto è ben combinato.

3. **Preparare le frittelle:** Scaldare un po' di olio d'oliva in una padella antiaderente a fuoco medio. Versare la pastella nella padella e formare delle piccole frittelle. Cuocere per circa 3-4 minuti su ogni lato, finché non saranno dorati e cotti.

4. **Servire:** Servire le frittelle di zucchine e carote tiepide. Possono essere servite semplici o con un po' di yogurt greco.

Suggerimenti per la personalizzazione:

- Aggiungete alla pastella del formaggio grattugiato per insaporirla ulteriormente.
- Aggiungete spezie come il cumino o la paprika per ottenere un profilo di sapore diverso.
- Per una versione senza glutine, utilizzare la farina di mandorle o di avena al posto della farina di grano integrale.

Questi pancake di zucchine e carote sono un modo fantastico per incorporare le verdure nella colazione in modo gustoso e saziante. Sono perfetti per chi cerca una colazione nutriente e a basso contenuto di carboidrati.

Barchette di uova di avocado al forno

Ingredienti:

- Avocado: 2 grandi
- Uova: 4
- Pomodori ciliegini: 75 g, tagliati a cubetti
- Erba cipollina fresca: 30 g, tritata
- Sale e pepe: a piacere
- Paprika o peperoncino in polvere: un pizzico (facoltativo)
- Formaggio grattugiato: 30 g (magro o normale)

Informazioni nutrizionali (per porzione):

Calorie: Circa 300-350 Proteine: 10 g Fibre: 7 g Grassi: 25 g Carboidrati: 12 g Zucchero: Basso

Tempo di cottura:

- Tempo di preparazione: 10 minuti
- Tempo di preparazione: 15-20 minuti
- Tempo totale: 25-30 minuti

Istruzioni:

1. **Preriscaldare il forno e preparare gli avocado:** Preriscaldare il forno a 220°C (425°F). Tagliare gli avocado a metà e togliere i noccioli. Estrarre un po' di polpa dall'avocado per creare una cavità più grande per l'uovo.

2. **Disporre le metà di avocado in una pirofila:** Disporre le metà di avocado in una pirofila, assicurandosi che siano stabili e non possano rovesciarsi. Se necessario, si può usare un foglio di alluminio accartocciato come base.

3. **Aggiungere le uova e i condimenti:** Rompere delicatamente un uovo in ogni metà di avocado. Condire con sale, pepe e un pizzico di paprika o peperoncino in polvere, se necessario. Cospargere con i pomodorini tagliati a dadini e l'erba cipollina. Se si desidera, aggiungere del formaggio grattugiato.

4. **Cuocere le barchette di uova all'avocado:** mettere la teglia in forno e cuocere per 15-20 minuti, o finché le uova non raggiungono il grado di cottura desiderato.

5. **Servire:** Servite le barchette di uova all'avocado al forno calde, direttamente dal forno. Sono una colazione saziante e gustosa.

Suggerimenti per la personalizzazione:

- Per aggiungere altre proteine, si può aggiungere pancetta cotta sbriciolata o salmone affumicato.
- Cospargere con erbe fresche come coriandolo o prezzemolo per esaltare il sapore.

Gli involtini di avocado al forno sono un modo delizioso per gustare una colazione a basso contenuto di carboidrati e ad alto contenuto di grassi, nutriente e saziante. Questa ricetta è perfetta per chi segue una dieta chetogenica o è alla ricerca di una colazione sana e sostanziosa.

Upma di verdure miste e quinoa

Ingredienti:

- Quinoa: 170 g, sciacquata
- Verdure miste (carote, piselli, peperoni, fagiolini): 150 g, tritate finemente
- Cipolla: 1 cipolla media, circa 150 g, tritata finemente
- Semi di senape: 5 g
- Semi di cumino: 5 g
- Foglie di curry: 8-10 (facoltative)
- Peperoncino verde: 1, tritato finemente (a piacere)
- Zenzero: un pezzo di 2,5 cm, grattugiato
- Olio d'oliva o di cocco: 30 ml
- Acqua: 480 ml
- Succo di limone: 15 ml
- Sale: a piacere
- Coriandolo fresco: per guarnire (quantità a piacere)

Informazioni nutrizionali (per porzione):

Calorie: Circa 250-300 Proteine: 10 g Fibre: 6 g Grassi: 9 g Carboidrati: 40 g Zucchero: Basso

Tempo di cottura:

- Tempo di preparazione: 15 minuti
- Tempo di preparazione: 20 minuti
- Tempo totale: 35 minuti

Istruzioni:

1. **Cuocere la quinoa: Portare a ebollizione** 400 grammi di acqua in una pentola. Aggiungere la quinoa sciacquata e un pizzico di sale. Ridurre la fiamma al minimo, coprire e cuocere a fuoco lento per 15 minuti, finché la quinoa non sarà cotta e l'acqua assorbita. Sprimacciare con una forchetta e mettere da parte.

2. **Saltare le verdure:** Scaldare l'olio in una padella grande a fuoco medio. Aggiungere i semi di senape e i semi di cumino e soffriggere per qualche secondo. Aggiungere le cipolle tritate, le foglie di curry, il peperoncino verde e lo zenzero grattugiato. Soffriggere fino a quando le cipolle diventano traslucide.

3. **Aggiungere le verdure miste:** Aggiungere le verdure miste tritate alla padella. Cuocere per 5-7 minuti, o finché le verdure non sono morbide.

4. **Mescolare con la quinoa cotta:** Aggiungere la quinoa cotta alla padella con le verdure. Mescolare bene. Insaporire con sale e succo di limone.

5. **Servire:** Guarnire con coriandolo fresco. Servire l'upma di verdure miste e quinoa tiepido.

Suggerimenti per la personalizzazione:

- Aggiungere arachidi o anacardi tostati per una consistenza più croccante.
- Per aggiungere altre proteine, si possono aggiungere ceci cotti o paneer (ricotta indiana) tagliato a dadini.
- Regolare la quantità di spezie e peperoncino in base ai propri gusti.

Pranzo nutriente

Insalata di pollo alla griglia con verdure miste

Ingredienti:

- Petto di pollo: 2 (disossato e senza pelle)
- Lattuga mista: 300 g (compresi spinaci, rucola e lattuga romana)
- Pomodori ciliegini: 150 g (tagliati a metà)
- Cetriolo: 1 (a fette)
- Cipolla rossa: 25 g (affettata sottilmente)
- Avocado: 1 (tagliato a fette)
- Olio d'oliva: 30 ml (per il condimento)
- Aceto balsamico: 15 ml
- Succo di limone: 15 ml
- Aglio: 1 spicchio (tritato)
- Senape di Digione: 5 ml
- Miele: 5 ml (facoltativo)
- Sale e pepe: a piacere
- Erbe fresche (come basilico o prezzemolo): per guarnire (quantità a piacere)

Informazioni nutrizionali (per porzione):

Calorie: Circa 350-400 Proteine: 30 g Fibre: 5 g Grassi: 15 g Carboidrati: 20 g Zucchero: Basso

Tempo di cottura:

- Tempo di preparazione: 15 minuti
- Tempo di preparazione: 10 minuti
- Tempo totale: 25 minuti

Istruzioni:

1. **Preparare e grigliare il pollo:** Condire i petti di pollo con sale e pepe. Grigliare a fuoco medio fino a cottura completa, circa 5 minuti per lato. Lasciare riposare per qualche minuto, quindi tagliare a fette.

2. **Assemblare l'insalata:** In una grande insalatiera, mescolare le verdure miste, i pomodorini tagliati a metà, il cetriolo tagliato a fette e la cipolla rossa affettata sottilmente.

3. **Preparare il condimento:** In una piccola ciotola, sbattere insieme l'olio d'oliva, l'aceto balsamico, il succo di limone, l'aglio tritato, la senape di Digione e il miele (se si usa). Condire con sale e pepe.

4. **Mescolare l'insalata e il condimento:** Versare il condimento sull'insalata e mescolare delicatamente.

5. **Aggiungere il pollo e l'avocado:** Aggiungere il pollo grigliato a fette e l'avocado all'insalata. Mescolare delicatamente per amalgamare il tutto.

6. **Servire:** Guarnire con erbe fresche. Servite subito l'insalata come pranzo rinfrescante e nutriente.

Suggerimenti per la personalizzazione: Aggiungere feta o formaggio di capra sbriciolati per ottenere una consistenza cremosa. Aggiungere frutta secca come mandorle o noci per una maggiore croccantezza. Per un'opzione vegetariana, potete sostituire il pollo con tofu o ceci alla griglia.

Zuppa di lenticchie con verdure

Ingredienti:

- Lenticchie: 190 g, sciacquate (lenticchie verdi o marroni)
- Olio d'oliva: 30 ml
- Cipolla: 1 media, circa 150 g, tagliata a dadini
- Carote: 2 medie, circa 240 g, tagliate a dadini
- Gambi di sedano: 2, circa 100 g, tagliati a dadini
- Aglio: 3 spicchi, circa 9 g, tritati
- Pomodori in scatola: 1 scatola (400 g), tagliati a cubetti
- Brodo vegetale: 960 ml
- Spinaci o cavoli: 60 g, tritati
- Foglia di alloro: 1
- Cumino: 5 g
- Paprika: 5 g
- Sale e pepe: a piacere
- Succo di limone: 15 ml
- Prezzemolo fresco: per guarnire (quantità a piacere)

Informazioni nutrizionali (per porzione):

Calorie: Circa 250-300 Proteine: 15 g Fibre: 10 g Grassi: 5 g Carboidrati: 40 g Zucchero: Basso

Tempo di cottura:

- Tempo di preparazione: 15 minuti
- Tempo di preparazione: 30-40 minuti
- Tempo totale: 45-55 minuti

Istruzioni:

1. **Saltare le verdure:** In una pentola grande, scaldare l'olio d'oliva a fuoco medio. Aggiungere la cipolla, le carote e il sedano tagliati a dadini e cuocere finché le verdure non iniziano ad ammorbidirsi, circa 5 minuti. Aggiungere l'aglio tritato e cuocere per un altro minuto.

2. **Aggiungere le lenticchie e i pomodori:** Mescolare le lenticchie sciacquate e i pomodori in scatola. Cuocere per qualche minuto.

3. **Aggiungere il brodo e le spezie:** Versare il brodo vegetale. Aggiungere l'alloro, il cumino e la paprica. Salare e pepare. Portare il composto a ebollizione, quindi ridurre la fiamma e cuocere a fuoco lento, coperto, finché le lenticchie non saranno morbide, circa 30 minuti.

4. **Aggiungere le verdure:** Negli ultimi minuti di cottura, mescolate gli spinaci o il cavolo riccio tagliati a pezzetti fino a quando non saranno appassiti.

5. **Terminare e servire:** Rimuovere la foglia di alloro. Aggiungere il succo di limone e condire se necessario. Servire la zuppa calda e guarnire con prezzemolo fresco.

Suggerimenti per la personalizzazione:

- Per una zuppa più saporita, si possono aggiungere patate o patate dolci tagliate a cubetti.
- Per una versione non vegetariana, si può aggiungere anche pollo o tacchino cotto.
- Prima di servire, spolverare con parmigiano grattugiato per esaltare il sapore.

Questa "zuppa di lenticchie con verdure" non è solo deliziosa, ma anche incredibilmente nutriente e saziante, il che la rende un pranzo perfetto, soprattutto nelle giornate più fresche. È un ottimo modo per incorporare una varietà di verdure e legumi nella vostra dieta.

Wrap di tacchino e hummus

Ingredienti:

- Tortillas integrali: 2 grandi

- Petto di tacchino a fette: 170 g (a basso contenuto di sodio, preferibilmente arrosto)

- Hummus: 60 ml

- Verdure miste o spinaci: 30 g

- Cetriolo: 1 cetriolo di media grandezza, circa 200 g, tagliato a fette sottili

- Peperone rosso: 1, circa 150 g, tagliato a fette sottili

- Avocado: ½, circa 100 g, tagliato a fette

- Sale e pepe: a piacere

- Facoltativo: germogli o micro-ortaggi

Informazioni nutrizionali (per involucro):

Calorie: Circa 350-400 Proteine: 25 g Fibre: 6 g Grassi: 15 g Carboidrati: 35 g Zucchero: Basso

Tempo di cottura:

- Tempo di preparazione: 10 minuti
- Tempo totale: 10 minuti

Istruzioni:

1. **Preparare gli ingredienti:** Lavare e tagliare a fette il cetriolo, il peperone rosso e l'avocado.

2. **Assemblare i wraps:** Stendere le tortillas integrali su una superficie piana. Spalmare 30 grammi di hummus su ogni tortilla.

3. **Aggiungere il tacchino e le verdure:** Disporre il petto di tacchino a fette sopra l'hummus. Aggiungere uno strato di verdure miste o spinaci, quindi fette di cetriolo, fette di peperone e avocado.

4. **Condire e arrotolare:** Condire con un po' di sale e pepe. Arrotolare con cura le tortillas, ripiegando i lati per racchiudere il ripieno.

5. **Servire:** Tagliare ogni involucro a metà e servire. Questi wrap possono essere gustati subito o messi in valigia per un pratico pranzo fuori casa.

Suggerimenti per la personalizzazione:

- Aggiungete pomodori o cipolle a fette per dare più sapore e consistenza.

- Per una versione vegetariana, sostituite il tacchino con altre verdure o tofu alla griglia.

- Irrorare con un po' di succo di limone o aceto balsamico per esaltarne il sapore.

Il wrap di tacchino e hummus è un ottimo esempio di pranzo veloce e nutriente che non rinuncia al gusto. È perfetto per una giornata impegnativa e può essere facilmente adattato alle diverse esigenze dietetiche.

Insalata di quinoa e fagioli neri

Ingredienti:

- Quinoa: 170 g, sciacquata e cotta
- Fagioli neri: 1 barattolo (425 g), sciacquati e scolati
- Granturco dolce: 150 g (fresco, in scatola o congelato)
- Pomodori ciliegini: 150 g, tagliati a metà
- Peperone rosso: 1, circa 150 g, tagliato a dadini
- Coriandolo: 15 g, tritato
- Lime: succo di 2
- Olio d'oliva: 30 ml
- Cumino macinato: 5 g
- Paprika: 2,5 g
- Avocado: 1, circa 200 g, tagliato a cubetti
- Sale e pepe: a piacere
- Facoltativo: cipolla rossa o jalapeño tagliati a dadini per un sapore più intenso.

Informazioni nutrizionali (per porzione):

Calorie: Circa 300-350 Proteine: 12 g Fibre: 10 g Grassi: 10 g Carboidrati: 50 g Zucchero: Basso

Tempo di cottura:

- Tempo di preparazione: 15 minuti
- Tempo totale: 15 minuti (supponendo che la quinoa sia precotta)

Istruzioni:

1. **Preparare la quinoa:** Cuocere la quinoa secondo le istruzioni della confezione e lasciarla raffreddare.
2. **Mescolare gli ingredienti dell'insalata:** In una ciotola capiente, mescolare la quinoa raffreddata, i fagioli neri, il mais dolce, i pomodorini, il peperone rosso e il coriandolo.
3. **Preparare il condimento:** In una piccola ciotola, sbattere insieme il succo di lime, l'olio d'oliva, il cumino macinato e la paprika. Condire con sale e pepe.
4. **Servire l'insalata:** Versare il condimento sull'insalata e mescolare il tutto in modo uniforme.
5. **Aggiungere l'avocado:** Aggiungere con cura l'avocado tagliato a cubetti.
6. **Servire:** L'insalata può essere servita subito o raffreddata in frigorifero un'ora prima di essere servita per esaltarne i sapori.

Suggerimenti per la personalizzazione:

- Aggiungete pollo o gamberetti alla griglia per un supplemento di proteine.
- I jalapeños tagliati a dadini o qualche fiocco di peperoncino danno un tocco piccante.
- I fagioli neri possono essere sostituiti dai ceci o dai fagioli di rognone.

"L'insalata di quinoa e fagioli neri è un piatto colorato, delizioso e saziante, perfetto per un pranzo sano. È versatile e può essere facilmente adattata per soddisfare gusti diversi o esigenze dietetiche.

Salmone al limone e aglio al forno

Ingredienti:

- Filetti di salmone: 4
- Olio d'oliva: 30 grammi
- Aglio: 3 spicchi, tritati
- Limone: 1, succo e scorza
- Aneto fresco: 30 grammi, tritato
- Sale e pepe: a piacere
- Fette di limone: per guarnire

Informazioni nutrizionali (per porzione):

Calorie: Circa 300-350 Proteine: 23 g Fibre: 0 g Grassi: 20 g Carboidrati: 3 g Zucchero: Basso

Tempo di cottura:

- Tempo di preparazione: 10 minuti
- Tempo di preparazione: 15-20 minuti
- Tempo totale: 25-30 minuti

Istruzioni:

1. **Preriscaldare il forno e preparare la teglia:** Preriscaldare il forno a 200°C (400°F). Foderare una teglia con carta da forno o ungerla leggermente.
2. **Condire il salmone:** disporre i filetti di salmone sulla teglia preparata. Irrorare con olio d'oliva e strofinare ogni filetto con l'aglio tritato. Cospargere con scorza di limone, aneto tritato, sale e pepe.
3. **Cuocere il salmone:** Cuocere nel forno preriscaldato per 15-20 minuti, o fino a quando il salmone è cotto e si sfalda facilmente con una forchetta.
4. **Aggiungere il succo di limone:** Appena il salmone esce dal forno, irrorarlo con succo di limone fresco.
5. **Servire:** Guarnire ogni filetto con una fetta di limone e aneto fresco, se si desidera. Servire il salmone al forno caldo.

Suggerimenti per la personalizzazione:

- Per ottenere una superficie leggermente croccante, grigliare il salmone per gli ultimi 2-3 minuti.
- Insaporire con un po' di paprika o pepe di Caienna.
- Servire con verdure al vapore o un'insalata fresca per un pasto completo.

"Il salmone all'aglio e limone al forno è un piatto semplice ma elegante, perfetto per un pranzo nutriente. È veloce da preparare e pieno di sapore, il che lo rende un pasto saziante per qualsiasi giorno della settimana.

Verdure arrostite con tofu

Ingredienti:

- Tofu compatto: 400 g, sgocciolato e tagliato a cubetti
- Verdure (broccoli, peperoni, carote, piselli): 600 g, tritate
- Aglio: 3 spicchi, tritati
- Zenzero: un pezzo di 5 cm, grattugiato
- Salsa di soia o tamari: 45 ml
- Olio di sesamo: 30 ml
- Miele o sciroppo d'acero: 15 ml (facoltativo)
- Farina di mais: 15 ml (per il tofu)
- Olio d'oliva: per cucinare
- Semi di sesamo: per guarnire
- Cipolle verdi: 2, tritate per la guarnizione

Informazioni nutrizionali (per porzione):

Calorie: Circa 300-350 Proteine: 18 g Fibre: 6 g Grassi: 18 g Carboidrati: 25 g Zuccheri: da bassi a moderati

Tempo di cottura:

- Tempo di preparazione: 15 minuti
- Tempo di preparazione: 20 minuti
- Tempo totale: 35 minuti

Istruzioni:

1. **Preparare e cuocere il tofu:** Strizzare il tofu per eliminare l'acqua in eccesso. Tagliarlo a cubetti e cospargerlo di farina di mais. Scaldare un po' di olio d'oliva in una padella e friggere il tofu su tutti i lati fino a quando non sarà dorato. Mettere da parte.

2. **Cuocere le verdure:** Nella stessa padella, aggiungere un po' d'olio se necessario. Aggiungere l'aglio tritato e lo zenzero grattugiato e soffriggere per un minuto. Aggiungere le verdure tagliate a pezzetti e soffriggere fino a quando non sono appena tenere.

3. **Mescolare il tofu e le verdure:** Riportare il tofu cotto nella padella con le verdure.

4. **Aggiungere la salsa:** In una piccola ciotola, mescolare la salsa di soia, l'olio di sesamo e il miele o lo sciroppo d'acero. Versare questa salsa sul tofu e sulle verdure nella padella. Mescolare bene in modo che tutto sia ricoperto.

5. **Servire:** Una volta che tutto è stato riscaldato e ricoperto dalla salsa, trasferire il tutto nei piatti da portata. Guarnire con semi di sesamo e cipollotti tritati.

Suggerimenti per la personalizzazione:

- Utilizzate qualsiasi combinazione di verdure preferite.
- Per un tocco di calore in più, si può aggiungere alla salsa un pizzico di peperoncino o di fiocchi di pepe rosso.
- Per una versione non vegetariana, sostituire il tofu con pollo o gamberetti.

"Il soffritto di verdure con tofu è un piatto delizioso e facile da preparare, perfetto per un pranzo veloce e sano. È ricco di una varietà di nutrienti e sapori che lo rendono un pasto saziante.

Spiedini di pollo e verdure

Ingredienti:

- Petti di pollo disossati e senza pelle: 2, tagliati a cubetti
- Peperoni: 2 (uno rosso, uno giallo), tagliati a cubetti
- Zucchina: 1, tagliata a fette rotonde
- Cipolla rossa: 1, tagliata a cubetti
- Pomodori ciliegini: 150 g
- Olio d'oliva: 30 ml
- Aglio in polvere: 5 g
- Origano secco: 5 g
- Paprika: 5 g
- Succo di limone: 30 ml
- Sale e pepe: a piacere
- Spiedini di legno o metallo

Informazioni nutrizionali (per spiedino):

Calorie: Circa 200-250 Proteine: 20 g Fibre: 3 g Grassi: 10 g Carboidrati: 10 g Zucchero: Basso

Tempo di cottura:

- Tempo di preparazione: 20 minuti (più il tempo di marinatura, se desiderato)
- Tempo di preparazione: 10-15 minuti
- Tempo totale: 30-35 minuti (più il tempo di marinatura)

Istruzioni:

1. **Marinare il pollo (facoltativo):** In una ciotola, mescolare l'olio d'oliva, l'aglio in polvere, l'origano, la paprika, il succo di limone, il sale e il pepe. Aggiungere i cubetti di pollo e mescolare. Marinare in frigorifero per almeno 30 minuti per esaltare il sapore.

2. **Preparare gli spiedini:** Infilare sugli spiedini alternativamente il pollo marinato, i peperoni, le zucchine, le cipolle rosse e i pomodorini.

3. **Grigliare gli spiedini:** Preriscaldare il barbecue a fuoco medio-alto. Posizionare gli spiedini sulla griglia e grigliare per 10-15 minuti, girando di tanto in tanto, fino a quando il pollo è cotto e le verdure sono leggermente carbonizzate.

4. **Servire:** Togliere gli spiedini dalla griglia e servirli caldi. Possono essere serviti da soli o con quinoa, riso o un'insalata fresca.

Suggerimenti per la personalizzazione:

- Aggiungete altre verdure come funghi o pezzi di ananas per un sapore dolce e salato.
- Per una versione vegetariana, sostituire il pollo con tofu o formaggio halloumi.
- Spennellate gli spiedini con una glassa balsamica o con la vostra salsa barbecue preferita negli ultimi minuti prima della grigliatura per esaltarne il sapore.

Funghi Portobello ripieni di spinaci e feta

Ingredienti:

- Funghi portobello grandi: 4, privati di gambi e lamelle
- Spinaci freschi: 90 g, tritati grossolanamente
- Formaggio Feta: 75 g, sbriciolato
- Aglio: 2 spicchi, tritati
- Olio d'oliva: 30 ml, più altri per spennellare
- Aceto balsamico: 15 ml
- Sale e pepe: a piacere
- Pinoli o noci: 30 g, tostati (facoltativo)
- Basilico fresco o prezzemolo: per guarnire (quantità a piacere)

Informazioni nutrizionali (per fungo ripieno):

Calorie: Circa 150-200 Proteine: 8 g Fibre: 3 g Grassi: 12 g Carboidrati: 10 g Zucchero: Basso

Tempo di cottura:

- Tempo di preparazione: 15 minuti
- Tempo di preparazione: 20 minuti
- Tempo totale: 35 minuti

Istruzioni:

1. **Preriscaldare il forno:** preriscaldare il forno a 190°C (375°F).
2. **Preparare i funghi:** Spennellare entrambi i lati dei funghi portobello con olio d'oliva. Disporre su una teglia da forno con il lato delle lamelle rivolto verso l'alto.
3. **Cuocere gli spinaci:** Scaldare 30 grammi di olio d'oliva in una padella a fuoco medio. Aggiungere l'aglio tritato e soffriggere per un minuto. Aggiungere gli spinaci e cuocere fino a quando non saranno appassiti. Salare e pepare.
4. **Farcite i funghi:** Distribuire gli spinaci cotti sui cappelli dei funghi. Cospargere gli spinaci con il formaggio feta sbriciolato. Irrorare con aceto balsamico.
5. **Cuocere:** Cuocere nel forno preriscaldato per circa 15-20 minuti, finché i funghi non saranno morbidi e il formaggio leggermente dorato.
6. **Guarnire e servire:** Guarnire con pinoli o noci tostate ed erbe fresche. Servire i funghi ripieni caldi.

Suggerimenti per la personalizzazione:

- Aggiungere al composto di spinaci cipolle o peperoni saltati in padella per esaltarne il sapore.
- Per un sapore diverso, il formaggio feta può essere sostituito con formaggio di capra o mozzarella.
- Per un apporto proteico supplementare, mescolate agli spinaci della quinoa o dei ceci cotti.

Burrito bowl con riso di cavolfiore

Ingredienti:

- Cavolfiore: 1 testa grande, grattugiata in pezzi della grandezza di un riso
- Fagioli neri: 1 barattolo (425 g), sciacquati e scolati
- Granturco dolce: 150 g (fresco, in scatola o congelato)
- Pomodori ciliegini: 150 g, tagliati a metà
- Avocado: 1, tagliato a cubetti
- Peperone rosso: 1, circa 150 g, tagliato a dadini
- Lime: succo di 2
- Coriandolo: 15 g, tritato
- Cumino macinato: 5 g
- Paprika: 2,5 g
- Olio d'oliva: 30 ml
- Sale e pepe: a piacere
- Guarnizioni facoltative: lattuga tagliuzzata, formaggio grattugiato, panna acida, salsa, jalapeños.

Informazioni nutrizionali (per porzione):

Calorie: Circa 250-300 Proteine: 10 g Fibre: 8 g Grassi: 12 g Carboidrati: 35 g Zucchero: Basso

Tempo di cottura:

- Tempo di preparazione: 15 minuti
- Tempo di preparazione: 10 minuti
- Tempo totale: 25 minuti

Istruzioni:

1. **Preparare il riso di cavolfiore:** Grattugiare il cavolfiore con una grattugia o un robot da cucina. Scaldare 15 grammi di olio d'oliva in una padella grande a fuoco medio. Aggiungere il riso al cavolfiore e condire con sale, pepe, cumino e paprika. Cuocere per 5-7 minuti fino a quando non sarà tenero. Mettere da parte.

2. **Assemblare il piatto:** In ciotole da portata, iniziare con una base di riso di cavolfiore. Aggiungere i fagioli neri, il mais dolce, il peperone rosso tagliato a cubetti, i pomodorini e l'avocado a cubetti.

3. **Aggiungere gli aromi e le guarnizioni:** Spremere il succo di lime fresco su ogni ciotola. Cospargere con coriandolo tritato. Aggiungere altri ingredienti a scelta, come lattuga, formaggio, panna acida, salsa o jalapeños a fette.

4. **Servire:** Gustare subito le ciotole di burrito, perché sono piene di sapori freschi e di una varietà di consistenze.

Suggerimenti per la personalizzazione:

- Per un supplemento di proteine, si possono usare pollo, bistecca o gamberetti alla griglia.
- Sostituire i fagioli neri con fagioli pinto o ceci.
- Aggiungere altre verdure come cipolle saltate o zucchine grigliate.

Il Burrito Bowl di cavolfiore e riso è un piatto nutriente, saporito e saziante, perfetto per un pranzo sano. È altamente personalizzabile e sarà sicuramente un successo per tutti coloro che cercano un'alternativa deliziosa e a basso contenuto di carboidrati ai burrito tradizionali.

Insalata di uova con yogurt greco e aneto

Ingredienti:

- Uova sode: 6, sbucciate e tagliate a cubetti
- Yogurt greco (magro): 120 ml
- Aneto fresco: 30 ml, tritato finemente
- Senape di Digione: 15 ml
- Succo di limone: 15 ml
- Sedano: 2 gambi, tritati finemente
- Cipolla rossa: 30 ml, tritata finemente
- Sale e pepe: a piacere
- Pane integrale o foglie di insalata per servire

Informazioni nutrizionali (per porzione):

Calorie: Circa 200-250 Proteine: 12 g Fibre: 2 g Grassi: 10 g Carboidrati: 10 g Zucchero: Basso

Tempo di cottura:

- Tempo di preparazione: 15 minuti
- Tempo totale: 15 minuti

Istruzioni:

1. **Preparare le uova:** Mettere le uova sode tagliate a pezzetti in una ciotola grande.
2. **Preparare l'insalata:** Aggiungere alle uova lo yogurt greco, l'aneto tritato, la senape di Digione, il succo di limone, il sedano e la cipolla rossa tritati. Mescolare delicatamente fino a quando tutto è ben combinato. Salare e pepare a piacere.
3. **Refrigerazione (facoltativa):** Per ottenere un sapore ottimale, coprire e conservare in frigorifero l'insalata di uova per almeno 30 minuti prima di servirla.
4. **Servire:** Servite l'insalata di uova su pane integrale per un panino o in foglie di lattuga per un'opzione a basso contenuto di carboidrati.

Suggerimenti per la personalizzazione:

- Il sapore può essere esaltato con un po' di paprika o un pizzico di salsa piccante.
- Aggiungere cetriolini o capperi tritati per un tocco saporito.
- Per una versione vegana, utilizzare tofu al posto delle uova e yogurt vegano.

Pasta di zucchine con pesto e pomodori ciliegini

Ingredienti:

- - Zucchine: 4 di media grandezza, tagliate a spirale
- - Pomodori ciliegini: 150 g, tagliati a metà

Per il pesto:

- - Foglie di basilico fresco: 480 ml
- - Aglio: 2 spicchi
- - Pinoli: 30 g
- - Parmigiano Reggiano: 50 g, grattugiato
- - Olio d'oliva: 120 ml
- - Sale e pepe: a piacere
  - Facoltativo: pollo o gamberetti alla griglia per un supplemento di proteine.

Informazioni nutrizionali (per porzione):

Calorie: Circa 250-300 Proteine: 8 g Fibre: 4 g Grassi: 20 g Carboidrati: 15 g Zucchero: Basso

Tempo di cottura:

- Tempo di preparazione: 20 minuti
- Tempo di preparazione: 5 minuti
- Tempo totale: 25 minuti

Istruzioni:

1. **Preparare il pesto:** Unire le foglie di basilico, l'aglio, i pinoli e il parmigiano in un robot da cucina. Frullare il tutto fino a ottenere un trito grossolano. Mentre si lavora, aggiungere gradualmente l'olio d'oliva fino a ottenere un pesto omogeneo. Insaporire con sale e pepe.

2. **Preparare le tagliatelle di zucchine:** Utilizzare uno spiralizzatore per trasformare le zucchine in tagliatelle. Se non si dispone di uno spiralizzatore, si può usare anche un pelaverdure per ottenere dei nastri.

3. **Cuocere le tagliatelle di zucchine:** In una padella grande, cuocere le tagliatelle di zucchine a fuoco medio per 2-3 minuti, finché non si ammorbidiscono leggermente. Fare attenzione a non cuocerli troppo.

4. **Mescolare con il pesto:** Togliere la padella dal fuoco. Aggiungere il pesto alle tagliatelle di zucchine e farle saltare fino a quando non saranno uniformemente ricoperte.

5. **Aggiungere i pomodori:** Mescolare i pomodorini tagliati a metà.

6. **Servire:** Servire immediatamente le tagliatelle di zucchine. Se lo si desidera, guarnire con pollo o gamberetti grigliati per un ulteriore apporto proteico.

Suggerimenti per la personalizzazione:

- Nel pesto sostituire i pinoli con noci o mandorle.
- Aggiungere una spruzzata di succo di limone per una maggiore freschezza.
- Cospargere con fiocchi di pepe rosso per aggiungere un po' di piccantezza.

Stufato di verdure e lenticchie

Ingredienti:

- Lenticchie verdi o marroni: 190 g, sciacquate
- Olio d'oliva: 30 ml
- Cipolla: 1 media, circa 150 g, tagliata a dadini
- Carote: 2 medie, circa 240 g, tagliate a dadini
- Gambi di sedano: 2, circa 100 g, tagliati a dadini
- Aglio: 3 spicchi, tritati
- Pomodori in scatola: 1 scatola (400 g), tagliati a cubetti
- Brodo vegetale: 960 ml
- Foglia di alloro: 1
- Timo: 5 g, essiccato
- Spinaci o cavoli: 60 g, tritati
- Sale e pepe: a piacere
- Succo di limone: 15 ml
- Prezzemolo fresco: per guarnire (quantità a piacere)

Informazioni nutrizionali (per porzione):

Calorie: Circa 250-300 Proteine: 15 g Fibre: 15 g Grassi: 5 g Carboidrati: 45 g Zucchero: Basso

Tempo di cottura:

- Tempo di preparazione: 15 minuti
- Tempo di preparazione: 45-50 minuti
- Tempo totale: 60-65 minuti

Istruzioni:

1. **Saltare le verdure:** Scaldare l'olio d'oliva in una padella grande a fuoco medio. Aggiungere le cipolle, le carote e il sedano tagliati a dadini. Cuocere fino a quando le verdure iniziano ad ammorbidirsi, circa 5 minuti. Aggiungere l'aglio tritato e cuocere per un altro minuto.

2. **Aggiungere le lenticchie e i pomodori:** Mescolare le lenticchie sciacquate e i pomodori in scatola. Cuocere per qualche minuto, mescolando di tanto in tanto.

3. **Aggiungere il brodo e le erbe:** Versare il brodo vegetale. Aggiungere l'alloro e il timo secco. Portare a ebollizione, quindi ridurre la fiamma al minimo e cuocere a fuoco lento, coperto, finché le lenticchie non saranno morbide, circa 30-40 minuti.

4. **Aggiungere le verdure:** Negli ultimi 10 minuti di cottura, mescolare gli spinaci o il cavolo riccio tritati.

5. **Terminare e servire:** Togliere la foglia di alloro. Aggiungere il succo di limone e insaporire con sale e pepe. Servire caldo e guarnire con prezzemolo fresco.

Suggerimenti per la personalizzazione:

- Per uno stufato più saporito, si possono aggiungere patate a cubetti o patate dolci.
- Per una versione non vegetariana, si possono aggiungere anche cubetti di pollo o tacchino cotti.
- Prima di servire, spolverare con parmigiano grattugiato per esaltare il sapore.

Insalata Caesar di pollo con salsa allo yogurt

Ingredienti:

- Lattuga romana: 540 g, tagliuzzata
- Petto di pollo alla griglia: 2, tagliato a fette
- Crostini integrali: 100 g
- Parmigiano Reggiano: 25 g, grattugiato o a fette
- Per il condimento allo yogurt:
- Yogurt greco (magro): 120 ml
- Succo di limone: 30 ml
- Senape di Digione: 5 ml
- Aglio: 1 spicchio, tritato
- Pasta di acciughe: 2,5 ml (facoltativo)
- Olio d'oliva: 30 ml
- Sale e pepe: a piacere

Informazioni nutrizionali (per porzione):

Calorie: Circa 350-400 Proteine: 30 g Fibre: 3 g Grassi: 18 g Carboidrati: 20 g Zucchero: Basso

Tempo di cottura:

- Tempo di preparazione: 20 minuti
- Tempo totale: 20 minuti

Istruzioni:

1. **Preparare il condimento allo yogurt:** In una ciotola, sbattere insieme lo yogurt greco, il succo di limone, la senape di Digione, l'aglio tritato e la pasta di acciughe (se si usa). Aggiungere gradualmente l'olio d'oliva fino a ottenere un condimento omogeneo. Aggiustare di sale e pepe.
2. **Preparare l'insalata:** In una grande insalatiera, mescolare la lattuga romana tagliata a pezzetti, il pollo grigliato a fette e i crostini integrali.
3. **Aggiungere il condimento e il formaggio:** Versare il condimento allo yogurt sull'insalata e distribuirlo uniformemente. Cospargere con il parmigiano grattugiato o tagliuzzato.
4. **Servire:** Servire l'insalata immediatamente e assicurarsi che sia fresca e croccante.

Suggerimenti per la personalizzazione:

- Aggiungere pomodorini, cetrioli o cipolle rosse come verdure supplementari.
- Per una versione vegetariana, sostituire il pollo con ceci o tofu alla griglia.
- Includere fette di avocado per ottenere grassi sani.

Insalata caprese con riduzione di balsamico

Ingredienti:

- Mozzarella fresca: 225 g, tagliata a fette
- Pomodori maturi: 3 pomodori grandi, tagliati a fette
- Foglie di basilico fresco: 240 ml
- Aceto balsamico: 120 ml
- Olio d'oliva: 30 ml
- Sale e pepe: a piacere

Informazioni nutrizionali (per porzione):

Calorie: Circa 250-300 Proteine: 15 g Fibre: 2 g Grassi: 18 g Carboidrati: 12 g Zucchero: Basso

Tempo di cottura:

- Tempo di preparazione: 10 minuti
- Tempo di preparazione: 10 minuti (per la riduzione balsamica)
- Tempo totale: 20 minuti

Istruzioni:

1. **Preparare la riduzione di balsamico:** In un pentolino, portare a ebollizione l'aceto balsamico a fuoco medio. Ridurre il fuoco e far sobbollire finché l'aceto non si addensa e si riduce a circa un quarto del suo volume originale, circa 10 minuti. Lasciare raffreddare.
2. **Servire l'insalata:** Disporre le fette di mozzarella fresca e di pomodoro alternativamente su un piatto e mettere una foglia di basilico tra ogni fetta.
3. **Irrorare e condire:** versare l'olio d'oliva e la riduzione di balsamico sulla mozzarella e sui pomodori disposti. Salare e pepare.
4. **Servire:** Gustate questa classica insalata caprese come pranzo fresco e saporito.
5. **Suggerimenti per la personalizzazione:**
    - Aggiungere noci tritate per ottenere una consistenza migliore.
    - Per un sapore più intenso, aggiungere un pizzico di erbe italiane essiccate o di origano fresco.
    - Servite con pane integrale croccante per un pasto completo.

"L'insalata caprese con riduzione di balsamico è una deliziosa combinazione di sapori e consistenze che la rende perfetta per un pranzo sano e saziante. È un ottimo modo per gustare ingredienti freschi in modo semplice ma delizioso.

Peperoni ripieni di tacchino e verdure

Ingredienti:

- Peperoni: 4 grossi peperoni di qualsiasi colore, con le teste tagliate e senza semi
- Tacchino tritato: 450 g (magro)
- Olio d'oliva: 15 ml
- Cipolla: 1 media, tritata finemente
- Aglio: 2 spicchi, tritati
- Zucchina: 1 piccola, tagliata a dadini
- Carota: 1 media, grattugiata
- Salsa di pomodoro: 240 ml
- Quinoa o riso integrale cotti: 190 ml
- Origano secco: 5 ml
- Sale e pepe: a piacere
- Formaggio grattugiato (facoltativo): 60 ml, per spolverare

Informazioni nutrizionali (per peperone ripieno):

Calorie: Circa 300-350 Proteine: 25 g Fibre: 4 g Grassi: 12 g Carboidrati: 30 g Zucchero: Basso

Tempo di cottura:

- Tempo di preparazione: 20 minuti
- Tempo di preparazione: 25-30 minuti
- Tempo totale: 45-50 minuti

Istruzioni:

1. **Preriscaldare il forno:** preriscaldare il forno a 190°C (375°F).
2. **Preparare il tacchino:** In una grande padella, scaldare l'olio d'oliva a fuoco medio. Aggiungere il macinato di tacchino e farlo rosolare. Spezzettare con un cucchiaio mentre si frigge.
3. **Aggiungere le verdure:** Aggiungere alla padella con il tacchino le cipolle tritate, l'aglio tritato, le zucchine tagliate a dadini e le carote grattugiate. Cuocere per qualche minuto fino a quando le verdure saranno morbide.
4. **Unire alla quinoa e alla salsa di pomodoro:** Mescolare la salsa di pomodoro, la quinoa o il riso integrale cotti e l'origano secco. Salare e pepare. Cuocere ancora per qualche minuto fino a quando il tutto sarà ben amalgamato.
5. **Farcite i peperoni:** Disporre i peperoni in una pirofila. Versare il composto di tacchino e verdure in ogni peperone.
6. **Cuocere:** Coprire con un foglio di alluminio e cuocere per 20-25 minuti. Se si usa il formaggio, togliere la pellicola, mettere il formaggio sopra e cuocere per altri 5 minuti o finché il formaggio non si è sciolto.
7. **Servire:** Servire i peperoni ripieni caldi.

Suggerimenti per la personalizzazione:

- Sostituite il macinato di tacchino con quello di pollo o di manzo, oppure utilizzate una proteina vegetariana come le lenticchie.
- Aggiungete spezie come il cumino o la paprika per ottenere un profilo di sapore diverso.
- Mescolate spinaci o cavoli tritati per aggiungere un po' di verde.

Insalata di barbabietola e formaggio di capra e rucola

Ingredienti:

- Rucola fresca: 480 ml
- Barbabietola: 3 medie, arrostite e affettate
- Formaggio di capra: 115 g, sbriciolato
- Noci: 120 ml, tostate e tritate
- Olio d'oliva: 45 ml
- Aceto balsamico: 30 ml
- Miele: 5 ml (facoltativo)
- Sale e pepe: a piacere
- Erbe fresche (come aneto o prezzemolo): per guarnire

Informazioni nutrizionali (per porzione):

Calorie: Circa 250-300 Proteine: 10 g Fibre: 5 g Grassi: 20 g Carboidrati: 15 g Zucchero: Basso

Tempo di cottura:

- Tempo di preparazione: 15 minuti (senza arrostire la barbabietola)
- Tempo totale: 15 minuti

Istruzioni:

1. **Arrostire la barbabietola (se non è precotta):** Avvolgere la barbabietola intera in un foglio di alluminio e arrostirla in forno preriscaldato a 190 °C (375 °F) per 45-60 minuti o finché non è tenera. Una volta raffreddata, sbucciarla e tagliarla a fette.
2. **Preparare il condimento dell'insalata:** In una piccola ciotola, sbattere insieme l'olio d'oliva, l'aceto balsamico e il miele (se si usa). Condire con sale e pepe.
3. **Servire l'insalata:** In una grande insalatiera, mescolare la rucola con il condimento preparato. Aggiungere la barbabietola tagliata a fette e il formaggio di capra sbriciolato.
4. **Aggiungere le noci e guarnire:** Cospargere l'insalata con le noci tostate. Guarnire con erbe fresche.
5. **Servire:** Servire subito l'insalata in modo che la rucola rimanga fresca e croccante.
6. **Suggerimenti per la personalizzazione:**
    - Aggiungete arance o mele a fette per un contrasto dolce e fruttato.
    - Le noci possono essere sostituite con noci pecan o mandorle.

"L'insalata di barbabietola, formaggio di capra e rucola è un piatto visivamente accattivante e deliziosamente equilibrato, ideale per un pranzo rinfrescante e nutriente. La combinazione di ingredienti crea un pasto tanto sano quanto gustoso".

Insalata di tonno con avocado ripieno

Ingredienti:

- Avocado: 2 grandi, tagliati a metà e snocciolati
- Tonno in scatola in acqua: 140 g, sgocciolato
- Yogurt greco (magro): 30 ml
- Senape di Digione: 5 ml
- Cipolla rossa: 30 ml, tritata finemente
- Sedano: 1 gambo, tritato finemente
- Succo di limone: 15 ml
- Prezzemolo fresco: 30 ml, tritato
- Sale e pepe: a piacere
- Paprika o peperoncino in polvere: per guarnire (facoltativo)

Informazioni nutrizionali (per porzione):

Calorie: Circa 300-350 Proteine: 15 g Fibre: 7 g Grassi: 20 g Carboidrati: 15 g Zucchero: Basso

Tempo di cottura:

- Tempo di preparazione: 15 minuti
- Tempo totale: 15 minuti

Istruzioni:

1. **Preparare l'insalata di tonno:** In una ciotola, mescolare il tonno sgocciolato, lo yogurt greco, la senape di Digione, la cipolla rossa tritata, il sedano tritato, il succo di limone e il prezzemolo. Condire con sale e pepe a piacere.

2. **Svuotare l'avocado:** Estrarre parte della polpa dell'avocado per creare una cavità più grande, lasciando un bordo libero. Tritare l'avocado scavato e mescolarlo all'insalata di tonno.

3. **Riempire le metà di avocado:** Distribuire il composto di insalata di tonno in modo uniforme sulle metà di avocado e riempirle abbondantemente.

4. **Guarnire e servire:** Cospargere ogni avocado ripieno con un pizzico di paprika o peperoncino in polvere per aggiungere colore e sapore. Servire immediatamente.

5. **Suggerimenti per la personalizzazione:**

    - Aggiungere pomodori o cetrioli a dadini per una maggiore freschezza e croccantezza.
    - Per una versione senza latticini, utilizzare un po' di olio d'oliva al posto dello yogurt greco.
    - Aggiungere uova sode tagliate a fette per aumentare le proteine.

Zucca e ceci al curry

Ingredienti:

- Zucca Butternut: 1 media, sbucciata e tagliata a cubetti
- Ceci: 1 scatola (425 g), scolati e sciacquati
- Latte di cocco: 1 barattolo (400 ml)
- Cipolla: 1 cipolla grande, tagliata a dadini
- Aglio: 3 spicchi, tritati
- Zenzero: 2,5 cm, grattugiato
- Curry in polvere: 30 ml
- Cumino: 5 ml
- Olio d'oliva: 30 ml
- Brodo vegetale: 240 ml
- Spinaci: 480 ml, freschi
- Sale e pepe: a piacere
- Coriandolo fresco: per guarnire
- Riso cotto o pane naan: per servire

Informazioni nutrizionali (per porzione):

Calorie: Circa 350-400 Proteine: 12 g Fibre: 8 g Grassi: 18 g Carboidrati: 45 g Zucchero: Basso

Tempo di cottura:

- Tempo di preparazione: 15 minuti
- Tempo di preparazione: 30 minuti
- Tempo totale: 45 minuti

Istruzioni:

1. **Soffriggere gli aromi:** In una pentola grande, scaldare l'olio d'oliva a fuoco medio. Aggiungere la cipolla tagliata a dadini, l'aglio tritato e lo zenzero grattugiato. Soffriggere fino a quando la cipolla è traslucida.

2. **Aggiungere le spezie:** Mescolare la polvere di curry e il cumino e cuocere per un minuto fino a quando non saranno fragranti.

3. **Cuocere la zucca e i ceci:** Aggiungere alla pentola la zucca a cubetti e i ceci scolati. Mescolare per farli ricoprire di spezie.

4. **Aggiungere i liquidi:** Aggiungere il latte di cocco e il brodo vegetale. Portare a ebollizione, quindi ridurre la fiamma e coprire. Cuocere per circa 20-25 minuti o finché la zucca non sarà morbida.

5. **Aggiungere gli spinaci:** Mescolare gli spinaci freschi e cuocerli fino a quando non sono appassiti. Insaporire con sale e pepe.

6. **Servire:** Servire il curry su riso cotto o con pane naan. Guarnire con coriandolo fresco.

7. **Suggerimenti per la personalizzazione:**

    - Per una maggiore varietà, si possono aggiungere altre verdure come peperoni o pomodori.
    - Per una versione non vegetariana, si possono aggiungere pollo o gamberetti bolliti.

"Il curry di zucca e ceci è un piatto delizioso e confortante, perfetto per un pranzo nutriente e saziante. È un piatto versatile che può essere adattato a diverse diete.

Pasta con melanzane, pomodoro e basilico

Ingredienti:

- - Pasta integrale: 225 g
- - Melanzana: 1 grande, tagliata a cubetti
- - Pomodori ciliegini: 240 ml, tagliati a metà
- - Foglie di basilico fresco: 240 ml, tritate
- - Aglio: 3 spicchi, tritati
- - Olio d'oliva: 30 ml
- - Parmigiano Reggiano: 60 ml, grattugiato (facoltativo)
- - Fiocchi di pepe rosso: 2,5 ml (facoltativo)
- - Sale e pepe: a piacere

Informazioni nutrizionali (per porzione):

Calorie: Circa 350-400 Proteine: 15 g Fibre: 8 g Grassi: 12 g Carboidrati: 60 g Zucchero: Basso

Tempo di cottura:

- Tempo di preparazione: 15 minuti
- Tempo di preparazione: 20 minuti
- Tempo totale: 35 minuti

Istruzioni:

1. **Cuocere la pasta:** Portare a ebollizione una grande pentola di acqua salata. Cuocere la pasta integrale secondo le istruzioni della confezione fino al dente. Scolare e mettere da parte.
2. **Saltare le melanzane:** In una padella grande, scaldare l'olio d'oliva a fuoco medio. Aggiungere le melanzane tagliate a dadini e friggerle finché non diventano morbide e dorate, circa 8-10 minuti. Salare e pepare.
3. **Aggiungere l'aglio e i pomodori:** Aggiungere l'aglio tritato alla padella e cuocere per un altro minuto. Aggiungere i pomodorini e cuocere finché non iniziano ad ammorbidirsi.
4. **Mescolare la pasta con le verdure:** Aggiungere la pasta cotta alla padella con le melanzane e i pomodori. Mescolare bene il tutto.
5. **Aggiungere il basilico e il formaggio:** Togliere dal fuoco. Mescolare il basilico tritato e il parmigiano grattugiato (se si usa). Se vi piace un po' più piccante, aggiungete qualche fiocco di pepe rosso.
6. **Servire:** Servire la pasta calda, cospargere con altre foglie di basilico e parmigiano.

Suggerimenti per la personalizzazione:

- Aggiungete pollo o gamberetti alla griglia per una maggiore quantità di proteine.
- Aggiungete altre verdure, come gli spinaci o i peperoni, per ottenere maggiori sostanze nutritive.
- Per una versione vegana, omettete il parmigiano o utilizzate un sostituto vegano del formaggio.

La pasta con melanzane, pomodori e basilico è una deliziosa combinazione di sapori, perfetta per un pranzo sano e gustoso. È una ricetta flessibile che può essere adattata alle diverse esigenze dietetiche.

Costolette di agnello con salsa di yogurt alla menta

Ingredienti:

- Costolette di agnello: 4 pezzi (circa 170 g ciascuno)
- Yogurt greco (magro): 240 ml
- Menta fresca: 60 ml, tritata finemente
- Aglio: 1 spicchio, tritato
- Succo di limone: 30 ml
- Olio d'oliva: 30 ml (per le costolette d'agnello)
- Cumino: 5 ml
- Paprika: 2,5 ml
- Sale e pepe: a piacere

Informazioni nutrizionali (per porzione):

Calorie: Circa 350-400 Proteine: 30 g Fibre: 1 g Grassi: 25 g Carboidrati: 5 g Zucchero: Basso

Tempo di cottura:

- Tempo di preparazione: 15 minuti (più il tempo di marinatura)
- Tempo di preparazione: 10-15 minuti
- Tempo totale: 25-30 minuti (più il tempo di marinatura)

Istruzioni:

1. **Marinare le costolette di agnello:** In una piccola ciotola, mescolare l'olio d'oliva, il cumino, la paprika, il sale e il pepe. Strofinare le costolette di agnello con questa miscela e lasciarle marinare in frigorifero per almeno 30 minuti.
2. **Preparare la salsa di menta e yogurt:** In un'altra ciotola, mescolare lo yogurt greco, la menta tritata finemente, l'aglio tritato e il succo di limone. Insaporire con sale e pepe. Conservare in frigorifero fino al momento di servire.
3. **Grigliare le costolette di agnello:** Preriscaldare una griglia o una padella a fuoco medio-alto. Grigliare le costolette d'agnello per 5-7 minuti per lato o fino alla cottura desiderata.
4. **Servire:** Servite le costolette d'agnello alla griglia con un'abbondante cucchiaiata di salsa di yogurt alla menta.

Suggerimenti per la personalizzazione:

- Un contorno di verdure grigliate o un'insalata fresca completano il piatto.
- Per un tocco di dolcezza, aggiungere un cucchiaino di miele alla salsa di yogurt.
- Se preferite, sostituite l'agnello con pollo o manzo.

Barchette di zucchine ripiene

Ingredienti:

- Zucchine: 4 pezzi (grandi)
- Tacchino o pollo: 450 grammi (magro)
- Cipolla: 1 media, tagliata a dadini
- Pepe: 1 pezzo, tagliato a cubetti
- Aglio: 2 spicchi, tritati
- Salsa di pomodoro: 240 ml
- Spezie italiane: 5 ml (1 cucchiaino)
- Olio d'oliva: 30 ml (30 grammi)
- Sale e pepe: a piacere
- Mozzarella a pezzetti: 120 ml (facoltativo)
- Basilico fresco: per guarnire

Informazioni nutrizionali (per barchetta di zucchine ripiena):

Calorie: Circa 250-300 Proteine: 20 g Fibre: 3 g Grassi: 12 g Carboidrati: 15 g Zucchero: Basso

Tempo di cottura:

- Tempo di preparazione: 20 minuti
- Tempo di preparazione: 25 minuti
- Tempo totale: 45 minuti

Istruzioni:

1. **Preriscaldare il forno e preparare le zucchine:** Preriscaldare il forno a 190°C (375°F). Tagliare le zucchine a metà nel senso della lunghezza e togliere i semi per creare una cavità.

2. **Preparare il ripieno:** Scaldare l'olio d'oliva in una padella a fuoco medio. Soffriggere la cipolla e il peperone tagliati a dadini finché non si ammorbidiscono. Aggiungere l'aglio tritato e soffriggere per un altro minuto. Aggiungere il macinato di tacchino o di pollo e spezzettarlo con un cucchiaio. Soffriggere fino a doratura.

3. **Aggiungere la salsa di pomodoro e le spezie:** Mescolare la salsa di pomodoro e il condimento italiano. Cuocere a fuoco lento per qualche minuto. Salare e pepare.

4. **Riempire le barchette di zucchine:** Riempire ogni mezza zucchina con il composto di carne. Disporre le zucchine ripiene in una pirofila.

5. **Cuocere:** Se si usa il formaggio, cospargere di mozzarella ogni piatto di zucchine. Infornare per 20-25 minuti, o finché le zucchine non saranno morbide.

6. **Guarnire e servire:** Guarnire con basilico fresco prima di servire.

7. **Suggerimenti per la personalizzazione:**

    - Per aggiungere altre verdure, si possono aggiungere al ripieno funghi o spinaci tritati.
    - Per una versione vegetariana, utilizzare quinoa o lenticchie al posto della carne macinata.
    - Cospargere di parmigiano per esaltare il sapore.

Le barchette di zucchine ripiene sono un pranzo versatile e delizioso, perfetto per chi cerca un pasto nutriente e saziante. Sono facili da adattare a diverse diete e sono ottime per la preparazione dei pasti.

Pollo e verdure all'aglio e alle erbe in padella

Ingredienti:

- Petti di pollo: 4 pezzi (disossati e senza pelle)
- Carote: 2 pezzi (grandi), tagliate a rondelle
- Cimette di broccoli: 400 grammi
- Fagiolini: 200 grammi, puliti
- Aglio: 4 spicchi, tritati
- Olio d'oliva: 45 ml (3 cucchiai)
- Erbe secche (timo, rosmarino o spezie italiane): 15 ml (15 grammi)
- Sale e pepe: a piacere
- Limone: 1 pezzo, spremuto e sbucciato

Informazioni nutrizionali (per porzione):

Calorie: Circa 350-400 Proteine: 30 g Fibre: 4 g Grassi: 15 g Carboidrati: 20 g Zucchero: Basso

Tempo di cottura:

- Tempo di preparazione: 15 minuti
- Tempo di preparazione: 25-30 minuti
- Tempo totale: 40-45 minuti

Istruzioni:

1. **Preriscaldare il forno:** preriscaldare il forno a 200°C (400°F).
2. **Preparare il pollo e le verdure:** Disporre i petti di pollo al centro di una grande teglia da forno. Circondarli con carote, cimette di broccoli e fagiolini tagliati a fette.
3. **Condimento:** versare l'olio d'oliva sul pollo e sulle verdure. Aggiungere l'aglio tritato, le erbe secche, il sale e il pepe. Mescolare il tutto per ricoprirlo uniformemente.
4. **Cuocere:** Cuocere nel forno preriscaldato per 25-30 minuti fino a quando il pollo sarà cotto e le verdure saranno tenere.
5. **Aggiungere il limone:** Dopo la cottura, spruzzare il succo di limone sul pollo e sulle verdure e cospargere con la scorza di limone.
6. **Servire:** Servire caldo direttamente dalla padella per un pasto semplice e nutriente.

Suggerimenti per la personalizzazione:

- Sostituite le verdure o aggiungete altre verdure come peperoni, zucchine o asparagi.
- Per un tocco mediterraneo, aggiungere olive e formaggio feta negli ultimi minuti di cottura.
- Sostituite il pollo con salmone o tofu per una variante proteica.

Enchiladas vegetariane con fagioli neri

Ingredienti:

- Fagioli neri: 2 lattine da 425 g (sciacquati e scolati)
- Tortillas di mais: 8 pezzi
- Cipolla: 1 media, tritata
- Pepe: 1 pezzo, tagliato a dadini
- Granturco congelato: 200 grammi
- Aglio: 2 spicchi, tritati
- Salsa enchilada: 400 grammi
- Formaggio tagliuzzato (misto messicano o cheddar): 200 grammi
- Olio d'oliva: 30 ml (30 grammi)
- Cumino macinato: 5 ml (1 cucchiaino)
- Paprika: 5 ml (1 cucchiaino)
- Sale e pepe: a piacere
- Coriandolo fresco: per guarnire
- Avocado e panna acida: per servire (facoltativo)

Informazioni nutrizionali (per enchilada):

Calorie: Circa 300-350 Proteine: 12 g Fibre: 8 g Grassi: 12 g Carboidrati: 45 g Zucchero: Basso

Tempo di cottura:

- Tempo di preparazione: 20 minuti
- Tempo di preparazione: 20 minuti
- Tempo totale: 40 minuti

Istruzioni:

1. **Preriscaldare il forno:** preriscaldare il forno a 190°C (375°F).

2. **Saltare le verdure:** Scaldare l'olio d'oliva in una padella a fuoco medio. Aggiungere la cipolla tritata e il peperone tagliato a dadini e soffriggere finché non si ammorbidiscono. Aggiungere l'aglio tritato, il cumino macinato e la paprica. Cuocere per un altro minuto.

3. **Preparare il composto di fagioli:** Aggiungere alla padella i fagioli neri e il mais dolce surgelato. Cuocere per 5 minuti. Salare e pepare.

4. **Assemblare le enchiladas:** Scaldare le tortillas di mais per renderle flessibili. Versare il composto di fagioli in ogni tortilla, arrotolarla e disporla in una teglia con la cucitura rivolta verso il basso.

5. **Aggiungere la salsa e il formaggio:** Versare la salsa enchilada sulle tortillas arrotolate, assicurandosi che siano completamente coperte. Cospargere con il formaggio grattugiato.

6. **Cuocere:** Cuocere nel forno preriscaldato per 20 minuti, finché il formaggio non si sarà sciolto e non avrà fatto le bolle.

7. **Guarnire e servire:** Guarnire con coriandolo fresco. Servire con fette di avocado e panna acida, se si desidera.

Suggerimenti per la personalizzazione:

- Aggiungere spinaci o cavoli al composto di fagioli per renderlo più verde.
- Per una versione vegana, utilizzare un formaggio alternativo di origine vegetale.

"Le enchiladas vegetariane con fagioli neri sono un ottimo modo per gustare un pasto senza carne, sostanzioso e saporito.

Involtini di bistecca con glassa al balsamico

Ingredienti:

- Bistecca di manzo: 450 g, tagliata a fette sottili
- Carote: 2 pezzi, tagliate a rondelle
- Peperoni: 200 g, tagliati a julienne (usare colori diversi)
- Zucchina: 1 pezzo, tagliato a julienne
- Lance di asparagi: 8 lance tagliate
- Aglio: 2 spicchi, tritati
- Aceto balsamico: 120 ml (1/2 tazza)
- Salsa di soia: 30 ml (30 grammi)
- Zucchero di canna: 15 ml (15 grammi)
- Olio d'oliva: per cucinare
- Sale e pepe: a piacere

Informazioni nutrizionali (per porzione):

Calorie: Circa 350-400 Proteine: 25 g Fibre: 3 g Grassi: 15 g Carboidrati: 20 g Zuccheri: Moderati

Tempo di cottura:

- Tempo di preparazione: 20 minuti
- Tempo di preparazione: 15 minuti
- Tempo totale: 35 minuti

Istruzioni:

1. **Preparare la bistecca:** Condire le fette di bistecca con sale e pepe. Stenderle in piano per prepararle ad essere arrotolate.
2. **Preparare le verdure:** Tagliare a julienne le carote, i peperoni e le zucchine. Tagliare gli asparagi alla larghezza delle fette di bistecca.
3. **Assemblare gli involtini:** Disporre alcune strisce di verdure e un asparago su ogni fetta di bistecca. Arrotolare la bistecca e fissarla con uno stuzzicadenti.
4. **Preparare la glassa:** In un pentolino, unire l'aceto balsamico, la salsa di soia e lo zucchero di canna. Far bollire a fuoco medio finché il composto non si sarà ridotto e addensato fino a diventare una glassa.
5. **Preparare gli involtini di bistecca:** Scaldare l'olio d'oliva in una padella a fuoco medio-alto. Aggiungere gli involtini di bistecca fino a farli dorare su tutti i lati. Spennellare gli involtini di bistecca con la glassa al balsamico negli ultimi minuti.
6. **Servire:** Togliere gli stuzzicadenti e servire gli involtini di bistecca irrorati con la restante glassa.

Suggerimenti per la personalizzazione:

- Cambiare le verdure a seconda delle preferenze o della stagione.
- Per una glassa più piccante, aggiungere un pizzico di fiocchi di peperoncino o di salsa piccante.
- Se preferite, sostituite la bistecca di manzo con pollo o maiale a fettine sottili.

Insalata di gamberetti e avocado alla griglia

Ingredienti:

- Gamberi: 450 g, sgusciati e privati della pelle
- Avocado: 2 pezzi, tagliati a cubetti
- Verdure miste: 550 grammi (ad esempio rucola, spinaci e lattuga romana)
- Pomodori ciliegini: 240 ml (200 g), tagliati a metà
- Cipolla rossa: 60 ml (30 g), affettata sottilmente
- Cetriolo: 1 pezzo, tagliato a fette
- Olio d'oliva: 30 ml (30 grammi) (più un extra per la griglia)
- Succo di limone: 30 ml (30 grammi)
- Aglio: 1 spicchio, tritato
- Sale e pepe: a piacere
- Coriandolo fresco: per guarnire
- Facoltativo: formaggio feta o queso fresco sbriciolato

Informazioni nutrizionali (per porzione):

Calorie: Circa 350-400 Proteine: 25 g Fibre: 7 g Grassi: 22 g Carboidrati: 20 g Zucchero: Basso

Tempo di cottura:

- Tempo di preparazione: 15 minuti
- Tempo di preparazione: 5-6 minuti
- Tempo totale: 20-21 minuti

Istruzioni:

1. **Preparare i gamberetti:** Marinare i gamberi in una ciotola con 15 grammi di olio d'oliva, aglio tritato, sale e pepe. Lasciare riposare per 10-15 minuti.
2. **Grigliare i gamberi:** Preriscaldare una griglia o una padella a fuoco medio-alto. Grigliare i gamberi per 2-3 minuti per lato, finché non sono rosa e opachi.
3. **Preparare l'insalata:** In una grande insalatiera, unire le verdure miste, l'avocado tagliato a dadini, i pomodorini tagliati a metà, il cetriolo tagliato a fette e la cipolla rossa affettata sottilmente.
4. **Preparare il condimento:** Sbattere insieme il succo di limone e l'olio d'oliva rimanente. Condire con sale e pepe.
5. **Unire:** Aggiungere i gamberi grigliati all'insalata. Irrorare con il condimento e mescolare delicatamente.
6. **Servire:** Guarnire con coriandolo fresco e formaggio facoltativo. Servire immediatamente.

Suggerimenti per la personalizzazione:

- Aggiungere pezzi di mango o ananas per un contrasto dolce.
- Aggiungere una spruzzata di riduzione balsamica per esaltare il sapore.
- Per un'insalata più piccante, si possono aggiungere jalapeños a fette o un pizzico di peperoncino.

Stufato di verdure e lenticchie

Ingredienti:

- Lenticchie: 240 ml (200 g), sciacquate (verdi, marroni o un misto)
- Olio d'oliva: 30 ml (30 grammi)
- Cipolla: 1 cipolla grande, tagliata a dadini
- Carote: 2 carote medie, tagliate a dadini
- Gambi di sedano: 2 gambi di sedano, tagliati a dadini
- Aglio: 3 spicchi d'aglio tritati
- Pomodori in scatola: 1 lattina (396 g), tagliati a cubetti con il succo

- Brodo vegetale: 960 ml (550 grammi)
- Zucchina: 1 zucchina di media grandezza, tagliata a dadini
- Spinaci: 480 ml (400 g), tritati grossolanamente
- Timo: 1 cucchiaino, essiccato
- Foglia di alloro: 1 pezzo
- Sale e pepe: a piacere
- Prezzemolo fresco: per guarnire
- spicchi di limone: per servire

Informazioni nutrizionali (per porzione):

Calorie: Circa 250-300 Proteine: 15 g Fibre: 12 g Grassi: 5 g Carboidrati: 45 g Zucchero: Basso

Tempo di cottura:

- Tempo di preparazione: 15 minuti
- Tempo di preparazione: 30-40 minuti
- Tempo totale: 45-55 minuti

Istruzioni:

1. **Saltare le verdure:** In una pentola grande, scaldare l'olio d'oliva a fuoco medio. Aggiungere la cipolla, le carote e il sedano e cuocere per circa 5 minuti fino a quando le verdure si ammorbidiscono. Aggiungere l'aglio tritato e cuocere per un altro minuto.

2. **Cuocere le lenticchie:** Mescolare le lenticchie sciacquate, i pomodori a cubetti con il loro succo, il brodo vegetale, il timo e l'alloro. Portare a ebollizione, quindi ridurre la fiamma, coprire e cuocere a fuoco lento per circa 25 minuti.

3. **Aggiungere le zucchine e gli spinaci:** Aggiungere le zucchine tagliate a dadini alla padella. Continuare a cuocere a fuoco lento finché le lenticchie e tutte le verdure non saranno morbide, circa 10-15 minuti. Mescolare gli spinaci tritati fino a farli appassire.

4. **Condimento:** rimuovere la foglia di alloro. Condire lo stufato con sale e pepe a piacere. Se si desidera, aggiungere una spruzzata di succo di limone per dare un tocco di freschezza allo stufato.

5. **Servire:** Versare lo stufato nelle ciotole e guarnire con prezzemolo fresco. Servire con spicchi di limone a parte.

Suggerimenti per la personalizzazione:

- Altre verdure come le patate dolci, la zucca butternut o il cavolo riccio forniscono ulteriori nutrienti e sapore.
- Per uno stufato più piccante, si può aggiungere un pizzico di peperoncino o di pepe di Caienna.
- Servite con pane integrale per un pasto sostanzioso.

Insalata Caesar di pollo con salsa allo yogurt

Ingredienti:

- Petti di pollo: 2 pezzi (circa 170 g ciascuno), grigliati e affettati
- Lattuga romana: 6 tazze, tagliuzzata
- Crostini integrali: 240 ml (200 grammi)
- Parmigiano Reggiano: 60 ml (30 g), grattugiato

Per il condimento allo yogurt:

- Yogurt greco (magro): 120 ml (1/2 tazza)
- Succo di limone: 30 ml (30 grammi)
- Senape di Digione: 5 ml (1 cucchiaino)
- Pasta di acciughe: 2,5 ml (1/2 cucchiaino) (facoltativo)
- Aglio: 1 spicchio, tritato
- Olio d'oliva: 30 ml (30 grammi)
- Sale e pepe: a piacere

Informazioni nutrizionali (per porzione):

Calorie: Circa 350-400 Proteine: 35 g Fibre: 3 g Grassi: 18 g Carboidrati: 20 g Zuccheri: Bassi

Tempo di cottura:

- Tempo di preparazione: 20 minuti
- Tempo totale: 20 minuti

Istruzioni:

1. **Preparare il condimento:** In una piccola ciotola, sbattere insieme lo yogurt greco, il succo di limone, la senape di Digione, la pasta d'acciughe (se usata), l'aglio tritato e l'olio d'oliva fino a ottenere un composto omogeneo. Condire a piacere con sale e pepe.
2. **Assemblare l'insalata:** In una grande insalatiera, mescolare la lattuga romana tagliata a pezzetti, il pollo grigliato a fette, i crostini integrali e il parmigiano grattugiato.
3. **Servire l'insalata:** Versare il condimento allo yogurt sull'insalata e mescolare in modo da ricoprire uniformemente tutti gli ingredienti.
4. **Servire:** Disporre l'insalata nei piatti e servirla immediatamente, con un ulteriore condimento se desiderato.

Suggerimenti per la personalizzazione:

- Per una versione vegetariana, omettete il pollo e aggiungete ceci o tofu alla griglia.
- Rifinite l'insalata con altre verdure, come pomodorini, cetrioli o avocado.

La "Chicken Caesar Salad con condimento allo yogurt" è un pranzo nutriente e saziante che non lesina sul gusto. È un ottimo modo per gustare un'insalata classica con un tocco più sano.

Peperoni ripieni di tacchino e verdure

Ingredienti:

- 4 peperoni grandi (di qualsiasi colore), senza testa e senza semi
- 1 libbra di macinato di tacchino magro
- 200 g di quinoa o riso integrale cotto
- 1 cipolla media, tritata finemente
- 1 zucchina piccola, tagliata a dadini
- 1 carota di media grandezza, grattugiata
- 2 spicchi d'aglio tritati
- 1 barattolo di pomodori a cubetti, sgocciolati
- 30 grammi di passata di pomodoro
- 30 grammi di olio d'oliva
- 1 cucchiaino di origano secco
- Sale e pepe a piacere
- Facoltativo: ½ tazza di formaggio tagliato a pezzetti (mozzarella o cheddar) da spolverizzare sopra
- Prezzemolo fresco per guarnire

Informazioni nutrizionali (per peperone ripieno):

Calorie: Circa 300-350 Proteine: 25 g Fibre: 5 g Grassi: 12 g Carboidrati: 25 g Zucchero: Basso

Tempo di cottura:

- Tempo di preparazione: 20 minuti
- Tempo di preparazione: 25-30 minuti
- Tempo totale: 45-50 minuti

Istruzioni:

1. **Preriscaldare il forno:** preriscaldare il forno a 190°C (375°F).

2. **Cuocere il composto di tacchino:** In una padella grande, scaldare l'olio d'oliva a fuoco medio. Aggiungere il macinato di tacchino e farlo rosolare. Aggiungere la cipolla, la zucchina, la carota e l'aglio e soffriggere fino a quando le verdure sono morbide. Aggiungere la quinoa cotta o il riso integrale, i pomodori a cubetti, la passata di pomodoro, l'origano, il sale e il pepe. Cuocere per altri 5 minuti per far amalgamare i sapori.

3. **Farcite i peperoni:** Riempire i peperoni scavati con il composto di tacchino e verdure. Disporre i peperoni ripieni in una pirofila.

4. **Cuocere:** Coprire con un foglio di alluminio e cuocere per circa 20-25 minuti. Se si usa il formaggio, coprire i peperoni, cospargerli con il formaggio e cuocere per altri 5 minuti, finché il formaggio non si sarà sciolto e non avrà fatto le bolle.

5. **Guarnire e servire:** Lasciare raffreddare leggermente i peperoni ripieni, quindi guarnire con prezzemolo fresco prima di servire.

Suggerimenti per la personalizzazione:

- Mescolare fagioli neri o mais nel ripieno per ottenere fibre e consistenza extra.
- Condire il ripieno con peperoncino in polvere o cumino per una variante Tex-Mex.
- Per una versione vegetariana, è possibile sostituire il macinato di tacchino con lenticchie o un sostituto della carne.

Insalata di barbabietola, formaggio di capra e rucola

Ingredienti:

- 550 grammi di rucola
- 3 barbabietole di media grandezza, arrostite, sbucciate e affettate
- 120 g di formaggio di capra, sbriciolato
- 1/2 tazza di noci, tostate e tritate
- 3 cucchiai di olio d'oliva
- 15 grammi di aceto balsamico
- 1 cucchiaino di miele (facoltativo)
- Sale e pepe a piacere
- Aneto o prezzemolo fresco per guarnire

Informazioni nutrizionali (per porzione):

Calorie: Circa 250-300 Proteine: 10 g Fibre: 3 g Grassi: 20 g Carboidrati: 15 g Zuccheri: Moderati (dipende dalla quantità di miele aggiunto)

Tempo di cottura:

- Tempo di preparazione: 15 minuti (senza arrostire la barbabietola)
- Tempo totale: 15 minuti

Istruzioni:

1. **Arrostire la barbabietola (se non è stata pre-arrostita):** Avvolgere la barbabietola in un foglio di alluminio e arrostirla in forno preriscaldato a 200 °C (400 °F) per 50-60 minuti finché non diventa morbida. Lasciare raffreddare, quindi sbucciare e tagliare a fette.

2. **Preparare il condimento:** In una piccola ciotola, sbattere insieme l'olio d'oliva, l'aceto balsamico e il miele (se utilizzato). Insaporire con sale e pepe.

3. **Servire l'insalata:** In una grande insalatiera, mescolare la rucola con il condimento fino a ricoprirla leggermente. Disporre la barbabietola a fette sulla rucola.

4. **Aggiungere il formaggio di capra e le noci:** Cospargere l'insalata con il formaggio di capra sbriciolato e le noci tostate.

5. **Guarnire e servire:** Guarnire con aneto o prezzemolo fresco prima di servire.

Suggerimenti per la personalizzazione:

- Le noci possono essere sostituite con noci pecan o mandorle.
- Aggiungete arance o fragole a fette per un sapore fruttato.
- Per una versione vegana, sostituite il formaggio di capra con un formaggio alternativo senza latticini o con fette di avocado.

Insalata di tonno con avocado ripieno

Ingredienti:

- - 4 avocado, tagliati a metà e snocciolati
- 2 scatole di tonno al naturale, sgocciolate
- 30 g di yogurt greco magro
- 15 grammi di senape di Digione
- 30 g di cipolla rossa, tritata finemente
- 2 gambi di sedano, tritati finemente
- 30 grammi di succo di limone
- 30 g di aneto fresco, tritato
- Sale e pepe a piacere
- Paprika per guarnire

Informazioni nutrizionali (per porzione):

Calorie: Circa 300 Proteine: 20 g Fibre: 7 g Grassi: 22 g Carboidrati: 12 g Zucchero: Basso

Tempo di cottura:

- Tempo di preparazione: 15 minuti
- Tempo totale: 15 minuti

Istruzioni:

1. **Preparare l'insalata di tonno:** In una ciotola media, mescolare il tonno sgocciolato, lo yogurt greco, la senape di Digione, la cipolla rossa tritata, il sedano tritato, il succo di limone e l'aneto. Condire con sale e pepe a piacere.
2. **Preparare gli avocado:** Tagliare gli avocado a metà e togliere i noccioli. Se necessario, prelevare un po' di polpa di avocado per fare più spazio al ripieno.
3. **Riempire gli avocado:** Versare il composto di insalata di tonno nelle metà di avocado scavate e distribuirlo uniformemente.
4. **Guarnire e servire:** Spargere un pizzico di paprika su ogni avocado ripieno per aggiungere colore e una leggera nota di piccantezza. Servire immediatamente per un sapore particolarmente fresco.

Suggerimenti per la personalizzazione:

- Aggiungete all'insalata di tonno capperi o cetriolini tritati per renderla ancora più saporita.
- Per un sapore più piccante, potete aggiungere dei jalapeños tritati o un pizzico di pepe di Caienna.
- Per non utilizzare i latticini, potete sostituire lo yogurt greco con la maionese di avocado o con uno yogurt senza latticini.

Zucca e ceci al curry

Ingredienti:

- 1 zucca butternut di medie dimensioni, sbucciata, privata dei semi e tagliata a cubetti
- 1 scatola di ceci, scolati e sciacquati
- 1 lattina di latte di cocco intero (400 ml)
- 1 cipolla grande, tagliata a dadini
- 3 spicchi d'aglio, tritati
- Pezzo di zenzero di 1 pollice, grattugiato
- 30 grammi di curry in polvere
- 1 cucchiaino di curcuma macinata
- 1 cucchiaino di semi di cumino
- 30 g di olio di oliva o di cocco
- 400 grammi di brodo vegetale
- 400 g di spinaci, tritati grossolanamente
- Sale e pepe a piacere
- Coriandolo fresco per guarnire
- Riso cotto o pane naan per servire

Informazioni nutrizionali (per porzione):

Calorie: Circa 350-400 Proteine: 10 g Fibre: 8 g Grassi: 18 g Carboidrati: 45 g Zucchero: Basso

Tempo di cottura:

- Tempo di preparazione: 15 minuti
- Tempo di preparazione: 30 minuti
- Tempo totale: 45 minuti

Istruzioni:

1. **Friggere gli aromi:** Scaldare l'olio in una padella grande a fuoco medio. Aggiungere la cipolla tagliata a dadini, l'aglio tritato e lo zenzero grattugiato. Soffriggere finché la cipolla non è traslucida.

2. **Condimento: aggiungere** alla padella la polvere di curry, la curcuma e i semi di cumino. Cuocere per un minuto fino a quando non saranno fragranti.

3. **Aggiungere la zucca e i ceci:** Mescolare la zucca a dadini e i ceci scolati. Cuocere per qualche minuto per farli combinare con le spezie.

4. **Lasciare cuocere a fuoco lento:** Aggiungere il latte di cocco e il brodo vegetale. Portare il composto a ebollizione, quindi ridurre la fiamma, coprire e lasciar sobbollire per circa 20 minuti, finché la zucca non sarà morbida.

5. **Aggiungere le verdure:** Mescolare gli spinaci tritati e cuocere fino a quando non sono appassiti. Insaporire con sale e pepe.

6. **Servire:** Servire il curry su riso cotto o con pane naan. Guarnire con coriandolo fresco.

Suggerimenti per la personalizzazione:

- Aggiungete altre verdure, come peperoni o carote, per dare più colore e nutrimento.
- Per un curry più piccante, si può aggiungere un peperoncino tagliato a cubetti o un pizzico di pepe di Caienna.

Pasta con melanzane, pomodoro e basilico

Ingredienti:

- Pasta integrale: 226 grammi
- Melanzana: 1 grande, tagliata a cubetti
- Pomodori ciliegini: 240 millilitri, tagliati a metà
- Basilico fresco: 240 millilitri, strappato
- Aglio: 2 spicchi, tritati
- Olio d'oliva: 30 grammi (circa 30 millilitri)
- Fiocchi di pepe rosso: ½ cucchiaino (facoltativo) (circa 2,5 millilitri)
- Parmigiano: ¼ di tazza, grattugiato (facoltativo) (circa 60 millilitri)
- Sale e pepe: a piacere

Informazioni nutrizionali (per porzione):

Calorie: Circa 350-400 Proteine: 12 g Fibre: 8 g Grassi: 12 g Carboidrati: 60 g Zucchero: Basso

Tempo di cottura:

- Tempo di preparazione: 15 minuti
- Tempo di preparazione: 20 minuti
- Tempo totale: 35 minuti

Istruzioni:

1. **Cuocere la pasta:** Portare a ebollizione una grande pentola d'acqua salata. Aggiungere la pasta integrale e cuocere secondo le istruzioni della confezione fino al dente. Scolare, riservare una tazza di acqua della pasta e mettere da parte.

2. **Saltare le melanzane:** Mentre la pasta cuoce, scaldare l'olio d'oliva in una padella grande a fuoco medio. Aggiungere le melanzane tagliate a cubetti e farle soffriggere per circa 8-10 minuti, finché non saranno dorate e morbide. Salare e pepare.

3. **Aggiungere l'aglio e i pomodori:** Aggiungere l'aglio tritato alla padella e cuocere per 1 minuto finché non è fragrante. Aggiungere i pomodorini e cuocere finché non iniziano ad ammorbidirsi, circa 5 minuti. Se necessario, aggiungere i fiocchi di pepe rosso per aggiungere un po' di calore.

4. **Mescolare la pasta e le verdure:** Aggiungere la pasta cotta alla padella con le melanzane e i pomodori. Mescolare e, se necessario, aggiungere un po' dell'acqua di cottura della pasta per inumidirla.

5. **Ultimi ritocchi:** Mescolare il basilico spezzettato e condire con sale e pepe a piacere. Servire caldo e guarnire con parmigiano grattugiato, se si desidera.

Suggerimenti per la personalizzazione:

- Per aggiungere proteine, si possono usare strisce di pollo alla griglia o ceci.
- Sostituite la pasta integrale con la pasta di zucchine per un'opzione a basso contenuto di carboidrati.

Cene soddisfacenti
Salmone alla griglia con asparagi

Ingredienti:

- Filetti di salmone: 4
- Asparagi: 1 mazzo, tagliati
- Olio d'oliva: 30 grammi
- Limone: 1, spremuto e sbucciato
- Aglio: 2 spicchi, tritati
- Sale e pepe: a piacere
- Aneto o prezzemolo fresco: per guarnire

Informazioni nutrizionali (per porzione):

Calorie: Circa 350-400 Proteine: 35 g Fibre: 4 g Grassi: 22 g Carboidrati: 5 g Zucchero: Basso

Tempo di cottura:

- Tempo di preparazione: 10 minuti
- Tempo di preparazione: 15 minuti
- Tempo totale: 25 minuti

Istruzioni:

1. **Preriscaldare il barbecue:** preriscaldare il barbecue a fuoco medio-alto. Assicurarsi che le griglie siano pulite e leggermente oliate per evitare che si attacchino.
2. **Preparare gli asparagi:** Condire gli asparagi tagliati con 15 grammi di olio d'oliva, sale e pepe. Mettere da parte.
3. **Condire il salmone:** in una piccola ciotola, mescolare l'olio d'oliva rimanente, il succo di limone, la scorza di limone, l'aglio tritato, il sale e il pepe. Rivestire entrambi i lati dei filetti di salmone con questa miscela.
4. **Grigliare il salmone e gli asparagi:** Mettere il salmone con la pelle verso il basso e gli asparagi sulla griglia. Cuocere il salmone per 6-8 minuti per lato o finché non si sfalda facilmente con una forchetta. Grigliare gli asparagi per circa 5-7 minuti, girando di tanto in tanto, finché non saranno teneri e carbonizzati.
5. **Servire:** Disporre il salmone grigliato e gli asparagi nei piatti. Guarnire con aneto o prezzemolo fresco e servire con altri spicchi di limone.
6. **Suggerimenti per la personalizzazione:**
    - Per dare un tocco di sapore in più, potete cospargere il salmone con paprika affumicata o irrorarlo con una riduzione di balsamico prima di servirlo.
    - Mescolare le verdure mettendo i peperoni o le zucchine sulla griglia accanto agli asparagi.

"Il salmone alla griglia con asparagi è un piatto meravigliosamente semplice e nutriente, veloce da preparare e molto saporito. È una cena ideale per sostenere uno stile di vita sano senza compromettere il gusto".

Pollo e broccoli alla Alfredo con pasta integrale

Ingredienti:

- Pasta integrale: 250 gr
- Petti di pollo: 2 (circa 80 gr ciascuno), grigliati e affettati
- Broccoli: 400 grammi, tagliati a cimette
- Olio d'oliva: 15 grammi
- Aglio: 2 spicchi, tritati
- Latte magro: 200 grammi
- Brodo di pollo: ½ tazza
- Farina: 30 grammi
- Parmigiano Reggiano: ½ tazza, grattugiato
- Sale e pepe: a piacere
- Noce moscata: un pizzico (facoltativo)

Informazioni nutrizionali (per porzione):

Calorie: Circa 400-450 Proteine: 30 g Fibre: 6 g Grassi: 12 g Carboidrati: 55 g Zucchero: Basso

Tempo di cottura:

- Tempo di preparazione: 15 minuti
- Tempo di preparazione: 20 minuti
- Tempo totale: 35 minuti

Istruzioni:

1. **Cuocere la pasta:** Cuocere la pasta integrale secondo le istruzioni della confezione fino al dente. Scolare e mettere da parte, conservando un po' di acqua di cottura per la pasta.
2. **Cuocere i broccoli a vapore:** cuocere le cimette di broccoli in una pentola d'acqua bollente per circa 3 o 4 minuti, finché non saranno tenere e croccanti. Scolare e mettere da parte.
3. **Preparare la salsa Alfredo:** In una grande padella, scaldare l'olio d'oliva a fuoco medio. Aggiungere l'aglio tritato e soffriggere finché non diventa fragrante, circa 1 minuto. Aggiungere la farina per formare un roux e cuocere per un altro minuto. Aggiungere gradualmente il latte e il brodo di pollo, mescolando continuamente per evitare grumi. Portare a ebollizione e cuocere finché la salsa non si addensa, circa 5-7 minuti. Mescolare il parmigiano grattugiato fino a quando non sarà sciolto e omogeneo. Aggiustare di sale, pepe e un pizzico di noce moscata.
4. **Unire:** Aggiungere alla salsa la pasta cotta, i broccoli al vapore e il pollo grigliato a fette. Mescolare il tutto e aggiungere una spruzzata dell'acqua di cottura della pasta, se necessario, per allentare la salsa.
5. **Servire:** Dividere la pasta tra i piatti. Servire calda e guarnire con altro parmigiano, se si desidera.

Suggerimenti per la personalizzazione:

- Per una versione vegetariana, omettete il pollo e aggiungete più verdure, come spinaci o funghi.
- Per rendere questo piatto vegano, utilizzare un'alternativa di latte e formaggio senza latticini.
- Aggiungere alla salsa la senape integrale per insaporirla ulteriormente.

Merluzzo al forno con verdure arrosto

Ingredienti:

- Filetti di merluzzo: 4
- Pomodori ciliegini: 200 grammi, tagliati a metà
- Zucchina: 1 zucchina grande, tagliata a fette
- Peperone: 1, tagliato a fette
- Cipolla rossa: 1, tagliata a spicchi
- Olio d'oliva: 3 cucchiai
- Succo di limone: 30 grammi
- Aglio: 2 spicchi, tritati
- Origano secco: 1 cucchiaino
- Paprika: ½ cucchiaino da tè
- Sale e pepe: a piacere
- Prezzemolo fresco: per guarnire
- Fette di limone: per servire

Informazioni nutrizionali (per porzione):

Calorie: Circa 250-300 Proteine: 25 g Fibre: 3 g Grassi: 10 g Carboidrati: 15 g Zucchero: Basso

Tempo di cottura:

- Tempo di preparazione: 15 minuti
- Tempo di preparazione: 20-25 minuti
- Tempo totale: 35-40 minuti

Istruzioni:

1. **Preriscaldare il forno e preparare le verdure:** Preriscaldare il forno a 200°C (400°F). In una grande ciotola, mescolare i pomodorini, le zucchine a fette, i peperoni e la cipolla rossa con 30 grammi di olio d'oliva, sale e pepe. Distribuire le verdure in un unico strato su una grande teglia da forno.
2. **Condire il merluzzo:** in una piccola ciotola, mescolare 15 grammi di olio d'oliva, il succo di limone, l'aglio tritato, l'origano, la paprika, il sale e il pepe. Rivestire entrambi i lati dei filetti di merluzzo con questa miscela.
3. **Cuocere al forno:** Distribuire i filetti di merluzzo tra le verdure sulla teglia. Cuocere nel forno preriscaldato per 20-25 minuti, o fino a quando il merluzzo sarà sfaldato e opaco e le verdure saranno arrostite e tenere.
4. **Servire:** Guarnire il merluzzo e le verdure con prezzemolo fresco e servire con fette di limone a parte.

Suggerimenti per la personalizzazione:

- È possibile utilizzare qualsiasi combinazione di verdure a seconda della stagione e delle preferenze.
- Per un tocco in più, si può cospargere la miscela di spezie con fiocchi di peperoncino.

Il "Merluzzo al forno con verdure arrostite" è un piatto elegante e senza sforzo, perfetto per una cena nutriente in settimana. È la prova di come ingredienti semplici, se preparati con cura, possano creare un piatto sano e saziante.

Petto di pollo ripieno con spinaci e ricotta

Ingredienti:

- Petti di pollo: 4 (disossati e senza pelle)
- Spinaci: 400 grammi (freschi, tritati)
- Ricotta: 200 grammi
- Parmigiano Reggiano: ¼ di tazza, grattugiato
- Aglio: 2 spicchi, tritati
- Olio d'oliva: 30 grammi
- Sale e pepe: a piacere
- Origano essiccato: 1 cucchiaino
- Scorza di limone: 1 cucchiaino
- Stuzzicadenti o spago da cucina: per il fissaggio

Informazioni nutrizionali (per porzione):

Calorie: Circa 350 Proteine: 40 g Fibre: 2 g Grassi: 18 g Carboidrati: 5 g Zucchero: Basso

Tempo di cottura:

- Tempo di preparazione: 20 minuti
- Tempo di preparazione: 25 minuti
- Tempo totale: 45 minuti

Istruzioni:

1. **Preriscaldare il forno:** preriscaldare il forno a 190°C (375°F).
2. **Preparare il ripieno:** In una ciotola di medie dimensioni, unire gli spinaci tritati, la ricotta, il parmigiano, l'aglio tritato, la scorza di limone, il sale e il pepe. Mescolare fino a quando tutto è ben combinato.
3. **Preparare il pollo:** Riempire i petti di pollo con le farfalle tagliandoli orizzontalmente, facendo attenzione a non tagliarli fino in fondo. Aprirli a libro e appiattirli leggermente con un batticarne.
4. **Farcitura e fissaggio: versare** una quantità uniforme del composto di spinaci e ricotta su una metà di ogni petto di pollo. Ripiegare l'altra metà per racchiudere il ripieno. Fissare i bordi con stuzzicadenti o spago da cucina.
5. **Condimento:** spennellare l'esterno dei petti di pollo con olio d'oliva e condire con sale, pepe e origano secco.
6. **Cuocere:** Disporre i petti di pollo ripieni in una pirofila. Cuocere nel forno preriscaldato per 25 minuti, o fino a quando il pollo sarà cotto e non più rosa al centro.
7. **Servire:** Lasciare riposare il pollo per qualche minuto prima di rimuovere gli stuzzicadenti o lo spago. Tagliare a fette e servire.

Suggerimenti per la personalizzazione:

- Il ripieno può essere insaporito con pomodori secchi o olive tritate.
- Se preferite, sostituite gli spinaci con cavolo riccio o bietola.
- Per una versione a basso contenuto di grassi, utilizzare ricotta parzialmente scremata e ridurre la quantità di parmigiano.

Spaghetti di zucca con salsa di pomodoro e polpette

Ingredienti:

- Spaghetti: 1 grande
- Tacchino o manzo magro tritato: 1 libbra
- Pomodori in scatola: 1 scatola, schiacciati
- Cipolla: 1 cipolla di medie dimensioni, tagliata finemente
- Aglio: 3 spicchi, tritati
- Olio d'oliva: 30 grammi
- Uovo: 1, sbattuto
- Parmigiano Reggiano: ¼ di tazza, grattugiato
- Spezie italiane: 1 cucchiaino
- Basilico fresco: ¼ di tazza, tritato
- Sale e pepe: a piacere
- Fiocchi di pepe rosso: ½ cucchiaino (facoltativo)

Informazioni nutrizionali (per porzione):

Calorie: Circa 300-350 Proteine: 25 g Fibre: 6 g Grassi: 15 g Carboidrati: 20 g Zucchero: Basso

Tempo di cottura:

- Tempo di preparazione: 20 minuti
- Tempo di preparazione: 40 minuti
- Tempo totale: 60 minuti

Istruzioni:

1. **Cuocere gli spaghetti di zucca:** Preriscaldare il forno a 400°F (200°C). Tagliare gli spaghetti a metà nel senso della lunghezza e raschiare i semi. Disporre le metà della zucca con il lato tagliato verso il basso su una teglia da forno e arrostirle fino a quando saranno tenere, circa 40-45 minuti. Una volta raffreddata, utilizzare una forchetta per raschiare i filamenti simili a spaghetti.

2. **Preparare le polpette:** In una ciotola, unire il tacchino o il manzo, metà dell'aglio tritato, l'uovo sbattuto, il parmigiano grattugiato, il condimento italiano, il sale e il pepe. Mescolare bene e formare delle piccole polpette.

3. **Friggere le polpette: Scaldare** 15 grammi di olio d'oliva in una padella grande a fuoco medio. Aggiungere le polpette e friggerle su tutti i lati. Togliere e mettere da parte.

4. **Preparare la salsa di pomodoro:** Nella stessa padella, aggiungere l'olio d'oliva rimanente, la cipolla tritata e l'aglio rimanente. Soffriggere fino a quando non si ammorbidisce. Aggiungere i pomodori schiacciati, il sale, il pepe e le scaglie di peperoncino (se si usa). Portare a ebollizione e rimettere le polpette in padella. Coprire e cuocere a fuoco lento per circa 20 minuti.

5. **Unire:** Mettere gli spaghetti cotti in una ciotola da portata. Aggiungere la salsa di pomodoro e le polpette. Cospargere con basilico fresco e altro parmigiano prima di servire.

Suggerimenti per la personalizzazione:

- Per aggiungere altre verdure, si possono aggiungere alla salsa di pomodoro funghi o peperoni.
- Per una salsa più piccante, aumentare la quantità di fiocchi di pepe rosso.
- Per una versione vegetariana, potete sostituire il macinato di tacchino con un'alternativa di carne vegetale.

Manzo e verdure arrosto

Ingredienti:

- Manzo magro (ad es. bistecca di manzo): 1 libbra, tagliato a fette sottili controvena
- Broccoli: 400 grammi, tagliati a cimette
- Peperoni: 200 g, tagliati a fette (utilizzare un misto di colori diversi per variare)
- Carota: 1 carota grande, tagliata a julienne
- Piselli secchi: 200 grammi
- Aglio: 2 spicchi, tritati
- Zenzero: 2 cucchiaini, grattugiato
- Salsa di soia (a basso contenuto di sodio): ¼ di tazza
- Olio di sesamo: 15 grammi
- Miele: 15 grammi
- Farina di mais: 1 cucchiaino
- Olio vegetale: 30 grammi
- Cipollotti: per guarnire, tagliati a rondelle
- Semi di sesamo: per guarnire

Informazioni nutrizionali (per porzione):

Calorie: Circa 300-350 Proteine: 25 g Fibre: 3 g Grassi: 15 g Carboidrati: 20 g Zucchero: Basso

Tempo di cottura:

- Tempo di preparazione: 15 minuti
- Tempo di preparazione: 10 minuti
- Tempo totale: 25 minuti

Istruzioni:

1. **Preparare la salsa per il soffritto:** In una piccola ciotola sbattere insieme la salsa di soia, l'olio di sesamo, il miele e la maizena. Mettere da parte.

2. **Preparare il manzo: scaldare** 15 grammi di olio vegetale in una grande padella o wok a fuoco alto. Aggiungere la carne di manzo e soffriggere fino a doratura e cottura, circa 2-3 minuti. Togliere il manzo dalla padella e metterlo da parte.

3. **Soffriggere le verdure:** Aggiungere il restante cucchiaio di olio vegetale alla padella. Aggiungere l'aglio, lo zenzero, i broccoli, i peperoni, le carote e il mangetout. Soffriggere per circa 4-5 minuti o finché le verdure non sono appena tenere.

4. **Mescolare il manzo e le verdure:** Riportare il manzo e le verdure in padella. Mescolare nuovamente la salsa, quindi versarla sul manzo e sulle verdure. Mescolare bene e cuocere per altri 1 o 2 minuti fino a quando la salsa si sarà addensata e il tutto si sarà riscaldato.

5. **Servire:** Servire il soffritto di manzo e verdure guarnito con cipolle verdi e semi di sesamo. Per un pasto completo, si può servire su un letto di riso integrale o di quinoa.

Suggerimenti per la personalizzazione:

Per una versione senza glutine, assicurarsi che la salsa di soia sia priva di glutine. Regolare la dolcezza o la salinità del piatto modificando le quantità di miele e salsa di soia a seconda dei gusti.

"Il soffritto di manzo e verdure è un piatto versatile e saporito, ideale per una cena veloce e nutriente. Dimostra quanto sia facile combinare ingredienti semplici per creare un pasto saziante e salutare.

Peperoncino con verdure e fagioli

Ingredienti:

- Olio d'oliva: 30 grammi
- Cipolla: 1 cipolla grande, tagliata a dadini
- Aglio: 3 spicchi, tritati
- Peperoni: 2 (ogni colore), tagliati a dadini
- Zucchina: 1 media, tagliata a dadini
- Carote: 2 medie, tagliate a dadini
- Pomodori in scatola a cubetti: 1 scatola
- Passato di pomodoro: 30 grammi
- Fagioli neri: 1 barattolo, sciacquati e scolati
- Fagioli: 1 barattolo, sciacquati e scolati
- Granturco dolce: 200 grammi (congelato o in scatola)
- Brodo vegetale: 400 grammi
- Peperoncino in polvere: 30 grammi
- Cumino: 1 cucchiaino
- Paprika: 1 cucchiaino
- Sale e pepe: a piacere
- Coriandolo fresco: per guarnire
- Guarnizioni facoltative: fette di avocado, formaggio grattugiato, panna acida, spicchi di lime

Informazioni nutrizionali (per porzione):

Calorie: Circa 250-300 Proteine: 12 g Fibre: 10 g Grassi: 5 g Carboidrati: 45 g Zucchero: Basso

Tempo di cottura:

- Tempo di preparazione: 15 minuti
- Tempo di preparazione: 30 minuti
- Tempo totale: 45 minuti

Istruzioni:

1. **Saltare le verdure:** Scaldare l'olio d'oliva in una padella grande a fuoco medio. Aggiungere la cipolla, l'aglio, il peperone, la zucchina e le carote tagliate a dadini. Soffriggere fino a quando le verdure si ammorbidiscono, circa 5-7 minuti.

2. **Aggiungere i pomodori e i fagioli:** Mescolare i pomodori a cubetti (con il loro succo), la passata di pomodoro, i fagioli neri, i fagioli rossi e il mais dolce. Mescolare bene per unire il tutto.

3. **Insaporire il peperoncino: aggiungere** alla padella il peperoncino in polvere, il cumino, la paprika, il sale e il pepe. Mescolare fino a quando tutti gli ingredienti non saranno ben ricoperti dalle spezie.

4. **Lasciare cuocere a fuoco lento:** Versare il brodo vegetale e portare il peperoncino a ebollizione. Ridurre la fiamma al minimo e far cuocere il peperoncino, coperto, per circa 20-25 minuti, mescolando di tanto in tanto. Il peperoncino dovrebbe addensarsi leggermente.

5. **Guarnire e servire:** Una volta cotto il peperoncino, assaggiare e regolare il condimento se necessario. Servire caldo, guarnito con coriandolo fresco e guarnizioni facoltative come fette di avocado, formaggio grattugiato, panna acida o una spruzzata di lime.

Suggerimenti per la personalizzazione:

- Si possono aggiungere al peperoncino anche altre verdure, come patate dolci, funghi o spinaci, per aumentare il valore nutrizionale e il sapore.

Tagine di pollo marocchino

Ingredienti:

- Cosce di pollo: 4 (con osso e senza pelle)
- Olio d'oliva: 30 grammi
- Cipolla: 1 cipolla grande tagliata finemente
- Aglio: 3 spicchi, tritati
- Carote: 2 carote di media grandezza, tagliate a rondelle
- Albicocche secche: ½ tazza, tritate
- Ceci in scatola: 1 barattolo, scolati e sciacquati
- Brodo di pollo: 200 grammi
- Bastoncino di cannella: 1
- Cumino macinato: 1 cucchiaino
- Coriandolo macinato: 1 cucchiaino
- Curcuma: ½ cucchiaino da tè
- Zenzero macinato: ½ cucchiaino da tè
- Sale e pepe: a piacere
- Coriandolo e prezzemolo freschi: per guarnire
- Mandorle tostate o semi di sesamo: per guarnire

Informazioni nutrizionali (per porzione):

Calorie: Circa 350-400 Proteine: 30 g Fibre: 6 g Grassi: 18 g Carboidrati: 25 g Zuccheri: Moderati (da albicocche)

Tempo di cottura:

- Tempo di preparazione: 20 minuti
- Tempo di preparazione: 1 ora
- Tempo totale: 1 ora e 20 minuti

Istruzioni:

1. **Rosolare il pollo:** In una tajine o in un grande forno olandese, scaldare l'olio d'oliva a fuoco medio-alto. Condire le cosce di pollo con sale e pepe, quindi scottarle su entrambi i lati. Togliere il pollo e metterlo da parte.

2. **Soffriggere le verdure:** Aggiungere la cipolla e l'aglio tritati nella stessa padella. Soffriggere fino a quando la cipolla è traslucida. Aggiungere le carote tagliate a fettine e cuocere per qualche minuto finché non si ammorbidiscono leggermente.

3. **Aggiungere le spezie e il pollo:** Riportare il pollo in padella. Aggiungere la stecca di cannella, il cumino macinato, il coriandolo, la curcuma e lo zenzero. Mescolare bene in modo che il pollo e le verdure siano ricoperti dalle spezie.

4. **Lasciare cuocere a fuoco lento:** Aggiungere le albicocche secche tritate, i ceci e il brodo di pollo. Portare il composto a ebollizione, quindi coprire e ridurre la fiamma al minimo. Cuocere a fuoco lento per circa 1 ora o fino a quando il pollo sarà tenero e cotto.

5. **Guarnire e servire:** Eliminare la stecca di cannella. Prima di servire, guarnire il tagine con coriandolo fresco, prezzemolo e mandorle tostate o semi di sesamo.

6. **Suggerimenti per la personalizzazione:** Per una versione più dolce, aggiungere un cucchiaio di miele alle albicocche secche. Per variare, si può aggiungere altra frutta secca, come uva sultanina o prugne secche. Servire con couscous o riso per assorbire la deliziosa salsa.

Tilapia al forno con quinoa al limone ed erbe aromatiche

Ingredienti:

- Filetti di tilapia: 4
- Quinoa: 200 grammi, sciacquata
- Limone: 2, scorza e succo divisi
- Olio d'oliva: 30 grammi, più un extra per irrorare
- Aglio: 2 spicchi, tritati
- Prezzemolo fresco: ¼ di tazza, tritato
- Basilico fresco: ¼ di tazza, tritato
- Pomodori ciliegini: 200 grammi, tagliati a metà
- Sale e pepe: a piacere
- Facoltativo: fagiolini o asparagi, come contorno

Informazioni nutrizionali (per porzione):

Calorie: Circa 350-400 Proteine: 30 g Fibre: 5 g Grassi: 12 g Carboidrati: 35 g Zucchero: Basso

Tempo di cottura:

- Tempo di preparazione: 15 minuti
- Tempo di preparazione: 20 minuti
- Tempo totale: 35 minuti

Istruzioni:

1. **Preriscaldare il forno e preparare la tilapia:** Preriscaldare il forno a 190°C (375°F). Disporre i filetti di tilapia su una teglia rivestita di carta da forno. Irrorare con olio d'oliva e condire con sale, pepe e metà della scorza di limone. Cuocere per 12-15 minuti, o finché il pesce non si sfalda facilmente con una forchetta.

2. **Cuocere la quinoa:** Mentre la tilapia cuoce, portare a ebollizione 400 grammi di acqua in una casseruola media, aggiungere la quinoa sciacquata, ridurre la fiamma al minimo, coprire e cuocere a fuoco lento per 15 minuti fino a quando l'acqua viene assorbita. Sprimacciare con una forchetta e mettere da parte.

3. **Preparare la miscela di limone ed erbe:** In una piccola ciotola, mescolare il succo di limone, la scorza del limone rimanente, l'aglio tritato, il prezzemolo e il basilico tritati. Aggiungere 30 grammi di olio d'oliva.

4. **Mescolare la quinoa e il composto di limone ed erbe:** Mescolare la miscela di limone ed erbe alla quinoa cotta. Aggiungere i pomodorini e mescolare bene il tutto. Salare e pepare a piacere.

5. **Servire:** Distribuire una porzione abbondante di quinoa alle erbe di limone su ogni piatto. Aggiungere un filetto di tilapia al forno. Servire con fagiolini o asparagi al vapore, se si desidera.

Suggerimenti per la personalizzazione:

- Aggiungere capperi o olive alla quinoa per esaltarne il sapore.
- Se preferite, sostituite la tilapia con un altro pesce bianco come il merluzzo o l'halibut.
- Insaporite la miscela di limone ed erbe con un pizzico di pepe rosso schiacciato.

Filetto di maiale con patate dolci al forno

Ingredienti:

- Filetto di maiale: 1 libbra
- Patate dolci: 2 grandi, sbucciate e tagliate a cubetti
- Olio d'oliva: 3 cucchiai
- Aglio in polvere: 1 cucchiaino
- Rosmarino: 1 cucchiaino, secco o fresco, tritato
- Timo: 1 cucchiaino, secco o fresco, tritato
- Sale e pepe: a piacere
- Facoltativo: fagiolini o asparagi, come contorno

Informazioni nutrizionali (per porzione):

Calorie: Circa 350-400 Proteine: 25 g Fibre: 3 g Grassi: 15 g Carboidrati: 35 g Zucchero: Basso

Tempo di cottura:

- Tempo di preparazione: 15 minuti
- Tempo di preparazione: 25-30 minuti
- Tempo totale: 40-45 minuti

Istruzioni:

1. **Preriscaldare il forno:** preriscaldare il forno a 220°C (425°F).
2. **Condire la carne di maiale:** strofinare il filetto di maiale con 15 grammi di olio d'oliva. Cospargere uniformemente con metà dell'aglio in polvere, rosmarino, timo, sale e pepe. Disporre il filetto in una teglia o su una teglia da forno.
3. **Preparare le patate dolci:** In una ciotola capiente, far saltare le patate dolci tagliate a cubetti con l'olio d'oliva rimanente, l'aglio in polvere, il rosmarino, il timo, il sale e il pepe fino a quando non saranno ben ricoperte.
4. **Arrosto di maiale e patate dolci:** distribuire le patate dolci intorno al filetto di maiale sulla teglia. Arrostire nel forno preriscaldato per 25-30 minuti, o fino a quando la carne di maiale avrà raggiunto una temperatura interna di 63 °C e le patate dolci saranno tenere e caramellate. A metà cottura, mescolare le patate dolci in modo che si arrostiscano uniformemente.
5. **Lasciare riposare la carne di maiale e tagliarla a fette:** Lasciare riposare il filetto di maiale per 5 minuti prima di affettarlo. In questo modo la carne conserva i suoi succhi.
6. **Servire:** Servire le fette di filetto di maiale insieme alle patate dolci arrostite. Se volete, potete servire anche fagiolini o asparagi al vapore come contorno.

Suggerimenti per la personalizzazione:

- Sperimentate con erbe diverse, come salvia o maggiorana, per ottenere sapori diversi.
- Per un tocco piccante, aggiungere un pizzico di pepe di Caienna alle patate dolci prima di arrostirle.

Bistecca di cavolfiore con salsa tahini

Ingredienti:

- Cavolfiore: 1 testa grande di cavolfiore, tagliata in 4 bacchette
- Olio d'oliva: 30 grammi
- Sale e pepe: a piacere
- Per la salsa tahini:
  - Tahini: ¼ di tazza
  - Succo di limone: 30 grammi
- Aglio: 1 spicchio, tritato
- Acqua calda: 2-4 cucchiai, a seconda della necessità di diluire la salsa.
- Sale: a piacere
- Prezzemolo: per guarnire
- Semi di melograno: per guarnire (facoltativo)
- Pinoli: tostati, per guarnire (facoltativo)

Informazioni nutrizionali (per porzione):

Calorie: Circa 200-250 Proteine: 6 g Fibre: 4 g Grassi: 15 g Carboidrati: 15 g Zucchero: Basso

Tempo di cottura:

- Tempo di preparazione: 10 minuti
- Tempo di preparazione: 25-30 minuti
- Tempo totale: 35-40 minuti

Istruzioni:

1. **Preriscaldare il forno:** preriscaldare il forno a 220°C (425°F). Foderare una teglia con carta da forno.
2. **Preparare le bistecche di cavolfiore:** Tagliare la testa del cavolfiore dall'alto verso il basso in 4 "bistecche" di dimensioni uguali. Spennellare ogni lato con olio d'oliva e condire con sale e pepe. Disporre sulla teglia preparata.
3. **Arrostire:** Arrostire nel forno preriscaldato per 25-30 minuti, finché il cavolfiore è tenero e i bordi sono dorati.
4. **Preparare la salsa tahini:** In una ciotola sbattere il tahini, il succo di limone, l'aglio tritato e il sale mentre il cavolfiore sta arrostendo. Aggiungere gradualmente acqua tiepida fino a ottenere una salsa di consistenza colabile.
5. **Servire:** Disporre le bistecche di cavolfiore fritte nei piatti. Irrorare con la salsa tahini e guarnire con prezzemolo, semi di melograno e pinoli tostati, se si desidera.

Suggerimenti per la personalizzazione:

- Prima di friggere, condire le bistecche di cavolfiore con un pizzico di cumino o di paprika affumicata per esaltarne il sapore.
- Aggiungete un pizzico di sciroppo d'acero o di miele alla salsa tahini per conferirle una sottile dolcezza.
- Per un pasto completo, servitelo con un'insalata di quinoa o con verdure al vapore.

Polpettone di tacchino con fagiolini al vapore

Ingredienti:

- Tacchino macinato: 1½ lbs
- Pangrattato: ½ tazza

- Cipolla: 1 cipolla di medie dimensioni, tagliata finemente
- Aglio: 2 spicchi, tritati
- Uovo: 1, sbattuto
- Ketchup: ¼ di tazza, più un extra per la glassa
- Salsa Worcestershire: 15 grammi
- Timo essiccato: 1 cucchiaino
- Origano essiccato: 1 cucchiaino
- Sale e pepe: a piacere
- Fagiolini: 1 libbra, estremità tagliate
- Olio d'oliva: 15 grammi
- Scorza di limone: 1 cucchiaino

Informazioni nutrizionali (per porzione):

Calorie: Circa 300-350 Proteine: 25 g Fibre: 3 g Grassi: 15 g Carboidrati: 20 g Zucchero: Basso

Tempo di cottura:

- Tempo di preparazione: 15 minuti
- Tempo di preparazione: 1 ora
- Tempo totale: 1 ora e 15 minuti

Istruzioni:

1. **Preriscaldare il forno:** preriscaldare il forno a 190°C (375°F). Foderare una teglia con carta da forno o ungere leggermente una teglia per pagnotte.

2. **Mescolare gli ingredienti del polpettone:** In una grande ciotola, unire il tacchino macinato, il pangrattato, la cipolla tritata, l'aglio tritato, l'uovo sbattuto, ¼ di tazza di ketchup, la salsa Worcestershire, il timo, l'origano, il sale e il pepe. Mescolare fino a ottenere un composto ben amalgamato, facendo attenzione a non mescolare troppo.

3. **Formare e cuocere il polpettone:** Trasferire il composto sulla teglia preparata e dare la forma di una pagnotta o premere nella teglia preparata. Se si desidera, spennellare la parte superiore con altro ketchup per glassare. Infornare per circa 1 ora, o fino a quando il polpettone è cotto e ha raggiunto una temperatura interna di 165°F (74°C).

4. **Cuocere i fagiolini al vapore:** mentre il polpettone è in forno, cuocere i fagiolini al vapore finché non saranno teneri e croccanti, circa 5-7 minuti. Condire i fagiolini al vapore con olio d'oliva e scorza di limone e condire con sale e pepe.

5. **Servire:** Lasciare riposare il polpettone per 10 minuti prima di affettarlo. Servire con i fagiolini al vapore aromatizzati al limone.

Suggerimenti per la personalizzazione:

- Aggiungere all'impasto del polpettone peperoni o carote tritati finemente per aggiungere umidità e sapore.
- Per una versione senza glutine, utilizzare il pangrattato senza glutine o l'avena arrotolata al posto del normale pangrattato.
- Raffinare i fagiolini con mandorle a fette o parmigiano grattugiato per migliorare la consistenza e il sapore.

Scampi ai gamberi con tagliatelle alle zucchine

Ingredienti:

- Gamberi grandi: 1 chilo, sgusciati e decorticati
- Zucchine: 4, tagliate a spirale
- Aglio: 3 spicchi, tritati
- Olio d'oliva: 30 grammi
- Burro: 30 grammi
- Vino bianco: ½ bicchiere (o brodo di pollo come sostituto analcolico)
- Succo di limone: 30 grammi
- Fiocchi di pepe rosso: ½ cucchiaino (facoltativo)
- Sale e pepe: a piacere
- Prezzemolo fresco: ¼ di tazza, tritato
- Parmigiano: per guarnire (facoltativo)

Informazioni nutrizionali (per porzione):

- Calorie: Circa 250-300
- Proteine: 25 g
- Fibra alimentare: 2 g
- Grassi: 12 g
- Carboidrati: 10 g
- Zucchero: basso

Tempo di cottura:

- Tempo di preparazione: 15 minuti
- Tempo di preparazione: 15 minuti
- Tempo totale: 30 minuti

Istruzioni:

1. **Preparare le tagliatelle di zucchine:** Utilizzare uno spiralizzatore per trasformare le zucchine in tagliatelle. Mettere da parte su carta assorbente per eliminare l'umidità in eccesso.

2. **Preparare i gamberi: scaldare** 15 grammi di olio d'oliva in una padella grande a fuoco medio-alto. Aggiungere i gamberi, salare e pepare e friggere fino a quando non saranno rosa e opachi, circa 2 minuti per lato. Togliere i gamberi dalla padella e metterli da parte.

3. **Preparare la salsa di scampi:** Nella stessa padella, ridurre il fuoco a medio. Aggiungere il burro e l'olio d'oliva rimanente. Una volta che il burro si è sciolto, aggiungere l'aglio tritato e le scaglie di peperone rosso (se utilizzate) e cuocere per circa 1 minuto fino a quando non saranno fragranti. Aggiungere il vino bianco o il brodo di pollo e il succo di limone. Far sobbollire la salsa per circa 3-5 minuti finché non si riduce leggermente.

4. **Mescolare i gamberetti e le tagliatelle di zucchine:** Riportare i gamberi nella padella con la salsa. Aggiungere le tagliatelle di zucchine e farle saltare per 2-3 minuti, fino a quando saranno ben cotte ma ancora croccanti.

5. **Servire:** Guarnire il piatto con prezzemolo fresco tritato e parmigiano, se si desidera. Servire subito in modo che la pasta di zucchine mantenga la sua consistenza.

Suggerimenti per la personalizzazione:

- Aggiungete al sugo pomodorini o capperi per dare più sapore e colore.
- Per perfezionare la salsa, mescolare un goccio di panna o qualche cucchiaio di formaggio cremoso nella salsa prima di aggiungere i gamberi e le tagliatelle di zucchine.

Paella di verdure

Ingredienti:

- Riso Arborio o a chicco corto: 400 grammi
- Brodo vegetale: 550 grammi, riscaldato
- Fili di zafferano: un pizzico, sciolto in ¼ di tazza d'acqua calda.
- Olio d'oliva: 3 cucchiai
- Cipolla: 1 cipolla grande, tagliata a dadini
- Peperone rosso: 1, tagliato a fette
- Fagiolini: 200 g, puliti e tagliati a pezzi di 5 cm.
- Cuori di carciofo: 200 g, in scatola o congelati e scongelati, tagliati in quarti
- Pomodoro: 1 grande, tagliato a cubetti
- Aglio: 3 spicchi, tritati
- Paprika (affumicata o dolce): 1 cucchiaino da tè
- Fiocchi di pepe rosso: ½ cucchiaino (facoltativo per la piccantezza)
- Sale e pepe: a piacere
- spicchi di limone fresco: per servire
- Prezzemolo tritato: per guarnire

Informazioni nutrizionali (per porzione):

Calorie: Circa 300-350 Proteine: 6 g Fibre: 4 g Grassi: 10 g Carboidrati: 55 g Zucchero: Basso

Tempo di cottura:

- Tempo di preparazione: 15 minuti
- Tempo di preparazione: 30-35 minuti
- Tempo totale: 45-50 minuti

Istruzioni:

1. **Saltare le verdure:** In una grande padella per paella o in una padella larga, scaldare l'olio d'oliva a fuoco medio. Aggiungere la cipolla e il peperone e soffriggere finché non si ammorbidiscono. Aggiungere i fagiolini, i cuori di carciofo e i pomodori e soffriggere per altri 5 minuti. Aggiungere l'aglio, la paprika e i fiocchi di pepe rosso (se utilizzati) e soffriggere fino a quando non saranno fragranti.

2. **Cuocere il riso:** Mescolare il riso e coprirlo bene con il composto di verdure. Aggiungere il brodo vegetale e l'acqua infusa di zafferano. Salare e pepare. Distribuire uniformemente il riso e le verdure nella padella senza mescolare.

3. **Portare a ebollizione:** Portare il composto a ebollizione, quindi ridurre la fiamma al minimo. Coprire e cuocere per circa 20-25 minuti fino a quando il riso sarà morbido e il liquido sarà stato assorbito. Non mescolare per evitare che si formi una crosta sul fondo (socarrat).

4. **Lasciare riposare:** Togliere la padella dal fuoco e coprire con un telo da cucina pulito. Lasciare riposare la paella per 10 minuti.

5. **Servire:** Guarnire con prezzemolo tritato e servire con spicchi di limone fresco.

Suggerimenti per la personalizzazione:

- A seconda dei gusti, si possono aggiungere o sostituire altre verdure come piselli, asparagi o funghi.
- Per un supplemento di proteine, si possono usare i ceci o una salsiccia a base vegetale.

Costolette di agnello con salsa di yogurt alla menta

Ingredienti:

- Costolette di agnello: 8 (circa 800 gr)
- Olio d'oliva: 30 grammi
- Aglio: 2 spicchi, tritati
- Rosmarino fresco: 15 grammi, tritato
- Sale e pepe: a piacere

Per la salsa di menta e yogurt:

- Yogurt greco: 200 grammi
- Menta fresca: ¼ di tazza, tritata finemente
- Succo di limone: 30 grammi
- Aglio: 1 spicchio, tritato
- Sale: a piacere

Istruzioni:

1. **Marinare le costolette di agnello:** In una piccola ciotola, mescolare l'olio d'oliva, l'aglio tritato, il rosmarino tritato, il sale e il pepe. Strofinare le costolette d'agnello con questa miscela in modo da ricoprirne tutti i lati. Lasciare marinare in frigorifero per almeno 30 minuti.

2. **Preparare la salsa di menta e yogurt:** Mentre l'agnello sta marinando, preparare la salsa. In una ciotola, mescolare lo yogurt greco, la menta tritata finemente, il succo di limone, l'aglio tritato e il sale. Condire a piacere e conservare in frigorifero fino al momento di servire.

3. **Preparare le costolette di agnello:** Preriscaldare una griglia o una padella a fuoco medio-alto. Friggere le costolette d'agnello per 3-4 minuti su ogni lato fino alla cottura desiderata, o fino a cottura media.

4. **Servire:** Disporre le costolette di agnello cotte su un piatto da portata. Servire immediatamente con la salsa di menta e yogurt.

5. **Guarnire:** Guarnire con altre foglie di menta fresca o spicchi di limone a piacere per esaltare il sapore e la presentazione.

Suggerimenti per la personalizzazione:

- Per un sapore erbaceo più intenso, aggiungere timo o origano alla marinata.
- La salsa di menta e yogurt può anche essere perfezionata con un pizzico di cumino o di scorza di limone per renderla ancora più complessa.
- Se preferite una salsa più piccante, aggiungete una piccola quantità di peperoncino fresco tritato finemente o un pizzico di pepe di Caienna.

La nostra serie "Cene soddisfacenti" continua con "Barchette di zucchine ripiene". Questo piatto trasforma delle semplici zucchine in un pasto saporito e ricco di nutrienti grazie a un delizioso mix di ingredienti. È una ricetta versatile che segue le raccomandazioni dietetiche del Dr. Nowzaradan, che privilegia le verdure come ingrediente principale e include proteine magre per un pasto equilibrato.

Barchette di zucchine ripiene

Ingredienti:

- Zucchine: 4 grandi
- Tacchino o manzo magro tritato: ½ libbra
- Cipolla: 1 cipolla piccola, tagliata a dadini sottili
- Aglio: 2 spicchi, tritati
- Pepe: 1, tagliato a dadini
- Pomodori: 2, tagliati a cubetti
- Salsa di pomodoro: ½ tazza
- Spezie italiane: 1 cucchiaino
- Sale e pepe: a piacere
- Olio d'oliva: 15 grammi
- Mozzarella o parmigiano tagliati a pezzetti: ½ tazza (facoltativo per spolverare)
- Basilico fresco o prezzemolo: per guarnire

Informazioni nutrizionali (per porzione):

Calorie: Circa 250-300 Proteine: 20 g Fibre: 3 g Grassi: 12 g Carboidrati: 20 g Zucchero: Basso

Tempo di cottura:

- Tempo di preparazione: 20 minuti
- Tempo di preparazione: 25 minuti
- Tempo totale: 45 minuti

Istruzioni:

1. **Preriscaldare il forno e preparare le zucchine:** Preriscaldare il forno a 375°F (190°C). Tagliare le zucchine a metà nel senso della lunghezza e svuotare l'interno con un cucchiaio, lasciando un guscio spesso circa un centimetro. Tritare la polpa scavata e metterla da parte.

2. **Preparare il ripieno:** Scaldare l'olio d'oliva in una padella a fuoco medio. Aggiungere la cipolla, il peperone e l'aglio e soffriggere fino a quando non si ammorbidiscono. Aggiungere il macinato di tacchino o di manzo, spezzettarlo con un cucchiaio e farlo rosolare. Aggiungere la polpa di zucchine tagliata a pezzetti, i pomodori a cubetti, la salsa di pomodoro, il condimento italiano, il sale e il pepe. Cuocere a fuoco lento per qualche minuto finché il composto non si addensa leggermente.

3. **Riempire le barchette di zucchine:** Disporre i gusci di zucchine in una pirofila. Versare il composto di carne nei gusci e premere con forza.

4. **Cuocere:** Se si usa il formaggio, cospargerlo sulle zucchine ripiene. Cuocere in forno preriscaldato per 20-25 minuti, finché le zucchine non saranno morbide e il formaggio fuso e spumeggiante.

5. **Servire:** Guarnire con basilico o prezzemolo fresco prima di servire.

Suggerimenti per la personalizzazione:

- Per una versione vegetariana, sostituite la carne macinata con quinoa, lenticchie o un misto di verdure aggiuntive come funghi e spinaci.
- Per un tocco salato, il ripieno può essere cosparso di fiocchi di pepe rosso.

Pollo e verdure all'aglio e alle erbe in padella

Ingredienti:

- Cosce di pollo: 4 (con osso e senza pelle)
- Patate rosse: 1 libbra, tagliate in quarti
- Carote: 1 lb, tagliate a pezzi di 2 pollici
- Fagiolini: ½ lb, con le estremità tagliate
- Olio d'oliva: ¼ di tazza
- Aglio: 4 spicchi, tritati
- Rosmarino essiccato: 1 cucchiaino
- Timo essiccato: 1 cucchiaino
- Origano essiccato: 1 cucchiaino
- Sale e pepe: a piacere
- Prezzemolo fresco: per guarnire (facoltativo)

Informazioni nutrizionali (per porzione):

Calorie: Circa 450-500 Proteine: 30 g Fibre: 6 g Grassi: 25 g Carboidrati: 35 g Zucchero: Basso

Tempo di cottura:

- Tempo di preparazione: 15 minuti
- Tempo di preparazione: 35-40 minuti
- Tempo totale: 50-55 minuti

Istruzioni:

1. **Preriscaldare il forno:** preriscaldare il forno a 220°C (425°F). Foderare una teglia grande con carta da forno o pellicola per facilitare la pulizia.

2. **Preparare il pollo e le verdure:** In una ciotola capiente, mescolare le patate rosse tagliate a quarti, le carote affettate e i fagiolini puliti. Aggiungere le cosce di pollo alla ciotola. Irrorate il tutto con olio d'oliva e aggiungete l'aglio tritato, il rosmarino, il timo, l'origano, il sale e il pepe. Mescolare il tutto in modo che tutti gli ingredienti siano ben ricoperti dall'olio e dalle spezie.

3. **Disporre sulla teglia:** Distribuire le verdure in un unico strato sulla teglia preparata, facendo attenzione che non sia troppo affollata. Disporre le cosce di pollo, con la pelle rivolta verso l'alto, sopra le verdure.

4. **Arrosto:** Arrostire nel forno preriscaldato per 35-40 minuti, fino a quando il pollo è dorato e ha raggiunto una temperatura interna di 165°F (74°C) e le verdure sono tenere e caramellate. A metà cottura, mescolare le verdure per assicurarsi che si arrostiscano in modo uniforme.

5. **Servire:** Lasciare riposare il pollo e le verdure per qualche minuto dopo averle tolte dal forno. A piacere, prima di servire, guarnire con prezzemolo fresco.

Suggerimenti per la personalizzazione:

- A seconda della stagione o delle vostre preferenze, potete utilizzare anche altre verdure come cavoletti di Bruxelles, patate dolci o peperoni.
- Per dare un tocco di sapore in più, potete spruzzare il pollo e le verdure con succo di limone fresco prima di servire.

Enchiladas vegetariane con fagioli neri

Ingredienti:

- Fagioli neri: 2 barattoli, scolati e sciacquati
- Tortillas di mais: 12
- Olio d'oliva: 30 grammi
- Cipolla: 1 cipolla grande, tagliata a dadini
- Pepe: 1, tagliato a dadini
- Aglio: 3 spicchi, tritati
- Cumino macinato: 1 cucchiaino
- Peperoncino in polvere: 1 cucchiaino
- Sale e pepe: a piacere
- Salsa enchilada: 400 grammi
- Formaggio tagliuzzato (misto messicano o cheddar): 200 grammi
- Coriandolo fresco: per guarnire
- Avocado: per servire (facoltativo)
- Panna acida: per servire (facoltativo)

Informazioni nutrizionali (per porzione):

Calorie: Circa 300-350 Proteine: 15 g Fibre: 8 g Grassi: 10 g Carboidrati: 45 g Zucchero: Basso

Tempo di cottura:

- Tempo di preparazione: 20 minuti
- Tempo di preparazione: 20 minuti
- Tempo totale: 40 minuti

Istruzioni:

1. **Preriscaldare il forno:** preriscaldare il forno a 375°F (190°C). Ungere leggermente una teglia da 9x13 pollici.
2. **Saltare le verdure:** Scaldare l'olio d'oliva in una padella grande a fuoco medio. Aggiungere la cipolla e il peperone e farli soffriggere finché non si ammorbidiscono. Aggiungere l'aglio, il cumino, il peperoncino in polvere, il sale e il pepe e soffriggere per un altro minuto.
3. **Preparare il ripieno:** Aggiungere i fagioli neri alla padella, schiacciare alcuni fagioli con una forchetta o un cucchiaio, lasciarne altri interi per dare consistenza. Cuocere per qualche minuto fino a quando il composto non si sarà riscaldato.
4. **Assemblare le enchiladas:** Riscaldare le tortillas secondo le istruzioni della confezione in modo che diventino flessibili. Disporre il composto di fagioli neri al centro di ogni tortilla, cospargere con un po' di formaggio e arrotolare strettamente. Disporre le tortillas ripiene con la cucitura rivolta verso il basso nella pirofila preparata.
5. **Aggiungere la salsa e il formaggio:** Versare la salsa enchilada in modo uniforme sulle tortillas arrotolate, assicurandosi che siano completamente coperte. Cospargere il formaggio rimanente sulla salsa.
6. **Cuocere:** Cuocere nel forno preriscaldato per 20 minuti fino a quando le enchiladas saranno cotte e il formaggio sarà fuso e spumeggiante.
7. **Servire:** Guarnire con coriandolo fresco e, se si desidera, servire con fette di avocado e panna acida.

Suggerimenti per la personalizzazione:

- Aggiungere spinaci, funghi o zucchine al composto di fagioli come verdure aggiuntive.
- Per una versione più piccante, si possono aggiungere al ripieno jalapeños tagliati a dadini o un pizzico di salsa piccante.

Involtini di bistecca con glassa al balsamico

Ingredienti:

- Bistecca di manzo: 1 chilo e mezzo, tagliata a strisce sottili
- Sale e pepe: a piacere
- Olio d'oliva: 30 grammi
- Aceto balsamico: ½ bicchiere
- Miele: 30 grammi
- Aglio: 2 spicchi, tritati
- Verdure varie (come peperoni, zucchine e carote), tagliate a fette sottili
- Erbe fresche (timo o rosmarino): 1 cucchiaino, tritato

Istruzioni:

1. **Preparare la bistecca:** Condire le strisce di bistecca con sale e pepe. Se le strisce non sono abbastanza sottili da poter essere arrotolate con facilità, batterle leggermente con un batticarne.
2. **Preparare le verdure:** Tagliare le verdure a strisce sottili da inserire negli involtini di bistecca.
3. **Cuocere le verdure: Scaldare** 15 grammi di olio d'oliva in una padella a fuoco medio. Aggiungere le verdure e farle saltare fino a quando sono appena tenere. Togliere dal fuoco e mettere da parte.
4. **Preparare la glassa al balsamico:** Nella stessa padella aggiungere l'aceto balsamico, il miele e l'aglio tritato. Cuocere a fuoco medio fino a quando il composto si sarà ridotto della metà e si sarà addensato in una glassa. Mescolare le erbe fresche.
5. **Assemblare gli involtini di bistecca:** Stendere le strisce di bistecca e posizionare una selezione di strisce di verdure a un'estremità. Arrotolare la bistecca intorno alle verdure e fissarla con uno stuzzicadenti.
6. **Preparare gli involtini di bistecca:** Scaldare l'olio d'oliva rimanente nella padella a fuoco medio-alto. Aggiungere gli involtini di bistecca, con il lato della cucitura rivolto verso il basso, e friggerli per circa 2-3 minuti su ogni lato o finché la bistecca non raggiunge il grado di cottura desiderato.
7. **Servire:** Togliere gli involtini di bistecca dalla padella e lasciarli riposare per qualche minuto. Irrorare con la glassa balsamica prima di servire.

Suggerimenti per la personalizzazione:

- Sperimentate diverse combinazioni di verdure a seconda della stagione e delle vostre preferenze.
- Per una glassa più ricca, si può aggiungere alla miscela di balsamico una spruzzata di vino rosso o di brodo di manzo.
- Servite gli involtini di bistecca su un letto di purè di patate, riso o una semplice insalata per un pasto completo.

Capesante al burro di limone con purea di cavolfiore

Ingredienti:

Per le capesante:

- Capesante grandi: 1 libbra, tamponate per bene
- Sale e pepe: a piacere
- Olio d'oliva: 30 grammi
- Burro: 30 grammi
- Succo di limone: da 1 limone
- Aglio: 1 spicchio, tritato
- Prezzemolo fresco: per guarnire

Per la purea di cavolfiore:

- Cavolfiore: 1 grosso cespo di cavolfiore, tagliato a cimette
- Aglio: 2 spicchi
- Brodo di pollo o vegetale: ½ tazza
- Olio d'oliva o burro: 30 grammi
- Sale e pepe: a piacere
- Noce moscata: un pizzico (facoltativo)

Istruzioni:

1. **Preparare la purea di cavolfiore:**

    - In una padella capiente, cuocere a vapore le cimette di cavolfiore e gli spicchi d'aglio finché non sono molto teneri, circa 10-15 minuti.
    - Mettere il cavolfiore cotto al vapore e l'aglio in un robot da cucina. Aggiungere il brodo, l'olio d'oliva (o il burro), il sale, il pepe e la noce moscata. Ridurre in purea fino a ottenere una consistenza liscia e cremosa. Regolare il condimento a piacere.

2. **Cuocere le capesante:**

    - Salare e pepare le capesante su entrambi i lati.
    - Scaldare l'olio d'oliva in una padella grande a fuoco medio-alto. Una volta caldo, aggiungere le capesante, facendo attenzione che la padella non sia troppo affollata. Friggere per circa 2 minuti da un lato finché non si forma una crosticina dorata, quindi girare.
    - Aggiungere alla padella il burro e l'aglio tritato. Versare il burro fuso e l'aglio sulle capesante mentre queste cuociono per altri 1-2 minuti.
    - Irrorare le capesante con succo di limone fresco appena prima di toglierle dal fuoco.

3. **Servire:**

    - Distribuire una quantità generosa di purea di cavolfiore nei piatti. Disporre le capesante fritte. Versare il burro rimanente dalla padella sulle capesante.
    - Guarnire con prezzemolo fresco e altri spicchi di limone a piacere.

Suggerimenti per la personalizzazione:

- Raffinare la purea di cavolfiore con parmigiano grattugiato o erba cipollina per dare più sapore.
- Per una maggiore consistenza, mescolare alla purea di cavolfiore un po' di aglio arrostito.

Spuntini sani
Salsa di yogurt greco e miele con frutta fresca

Ingredienti:

- Yogurt greco: 200 grammi (semplice, magro o intero, a seconda delle preferenze)
- Miele: 30 grammi (regolare a piacere)
- Estratto di vaniglia: ½ cucchiaino (facoltativo)
- Frutta fresca: mista, ad esempio fragole, mele a fette, uva, ananas a pezzi e mirtilli.

Istruzioni:

1. **Preparare la salsa:** In una ciotola di medie dimensioni, unire lo yogurt greco, il miele e l'estratto di vaniglia. Mescolare fino a ottenere un composto omogeneo e ben combinato. Assaggiare e regolare la dolcezza aggiungendo altro miele.
2. **Preparare la frutta:** Lavare e preparare la frutta fresca. Tagliate la frutta più grande, come mele, ananas o fragole, a pezzetti in modo da poterla intingere facilmente.
3. **Servire:** Disporre la frutta fresca su un piatto o in una ciotola da portata. Posizionare la ciotola con la salsa di yogurt greco e miele al centro, in modo che i pezzi di frutta possano essere facilmente intinti.

Informazioni nutrizionali (per porzione):

- Calorie: Circa 150-200 (a seconda del tipo di yogurt e della quantità di frutta consumata)
- Proteine: 10 g (da yogurt greco)
- Fibra alimentare: a seconda del tipo e della quantità di frutta utilizzata.
- Grassi: variano a seconda del tipo di yogurt greco (magro o intero).
- Carboidrati: variano a seconda del tipo e della quantità di frutta utilizzata.
- Zucchero: zucchero naturale della frutta e miele aggiunto

Suggerimenti per la personalizzazione:

- Mescolate un cucchiaio di burro di arachidi o di burro di mandorle alla salsa di yogurt per ottenere un sapore di nocciole e proteine extra.
- Spolverate di cannella o noce moscata la salsa per aggiungere ulteriore sapore e complessità.
- Per altre opzioni di dolcificazione, utilizzare lo sciroppo d'acero o lo sciroppo d'agave in alternativa al miele.

Lo snack a base di yogurt greco e miele con frutta fresca non è solo delizioso, ma offre anche una serie di benefici per la salute, tra cui le proteine dello yogurt e le vitamine e le fibre della frutta fresca. È uno spuntino versatile che può essere adattato alle preferenze di gusto e alle esigenze nutrizionali individuali ed è perfetto come spuntino rinfrescante ed energizzante.

Ceci arrostiti con paprica

Ingredienti:

- Ceci: 1 barattolo (50 grammi), scolati, sciacquati e asciugati.
- Olio d'oliva: 15 grammi
- Paprika in polvere: 1 cucchiaino (affumicata o dolce, a seconda delle preferenze)
- Aglio in polvere: ½ cucchiaino da tè
- Sale: ¼ di cucchiaino
- Pepe nero macinato: ¼ di cucchiaino

Istruzioni:

1. **Preriscaldare il forno:** preriscaldare il forno a 200°C (400°F). Foderare una teglia con carta da forno per facilitare la pulizia.
2. **Condire i ceci:** in una ciotola, mescolare i ceci secchi con l'olio d'oliva, la paprika, l'aglio in polvere, il sale e il pepe nero fino a ricoprirli uniformemente.
3. **Arrostire:** Distribuire i ceci in un unico strato sulla teglia preparata. Arrostire nel forno preriscaldato per 20-30 minuti fino a quando saranno croccanti e dorati. A metà cottura, scuotere la teglia o mescolare i ceci per garantire una tostatura uniforme.
4. **Lasciare raffreddare:** Lasciare raffreddare i ceci sulla teglia. Continueranno a diventare croccanti man mano che si raffreddano.
5. **Servire:** Gustate i ceci arrostiti come spuntino o usateli come guarnizione croccante per insalate o zuppe.

Informazioni nutrizionali (per porzione):

- Calorie: Circa 150-200
- Proteine: 7-10 g
- Fibra alimentare: 6-8 g
- Grassi: 5-7 g
- Carboidrati: 20-25 g
- Zucchero: basso

Suggerimenti per la personalizzazione:

- Sperimentate con spezie diverse in base ai vostri gusti. Provate il cumino e il coriandolo per un tocco orientale o il peperoncino in polvere e la scorza di lime per un tocco messicano.
- Per una versione più dolce, si possono cospargere i ceci con cannella e un po' di miele prima di arrostirli.
- Assicuratevi che i ceci siano ben asciugati dopo il risciacquo, in modo che diventino belli croccanti.

Bocconcini di cetriolo e hummus

Ingredienti:

- Cetrioli: 2 cetrioli grandi, tagliati a fette spesse circa mezzo centimetro.
- Hummus: 200 grammi (acquistato in negozio o fatto in casa)
- Paprika: per guarnire
- Prezzemolo fresco o aneto: per guarnire
- Guarnizione facoltativa: metà pomodori ciliegini, fettine di olive o strisce di peperone rosso arrostito

Istruzioni:

1. **Preparare i cetrioli:** Lavare i cetrioli e tagliarli a fette di mezzo centimetro di spessore. Queste serviranno come base per i bocconcini.
2. **Assemblare i bocconcini:** Distribuire un cucchiaio di hummus su ogni cetriolo. Se l'hummus è particolarmente denso, si può usare un cucchiaio piccolo o un sacchetto per le spruzzate per ottenere una presentazione più carina.
3. **Aggiungere i condimenti:** Cospargere l'hummus con un po' di paprika per dare un tocco di colore e di sapore. Guarnite ogni boccone con un rametto di prezzemolo fresco o di aneto. Se volete, potete guarnire ogni boccone con mezzo pomodoro ciliegino, una fetta di oliva o una piccola striscia di peperone rosso arrostito.
4. **Servire:** Disporre i bocconcini di cetriolo e hummus su un piatto da portata. Il sapore è migliore se freschi, ma se necessario possono essere conservati in frigorifero per un breve periodo prima di essere serviti.

Informazioni nutrizionali (per porzione):

- Calorie: Circa 30-50 per boccone (a seconda della dimensione e della guarnizione)
- Proteine: 1-2 g
- Fibra alimentare: 1-2 g
- Grassi: 2-3 g
- Carboidrati: 3-5 g
- Zucchero: basso

Suggerimenti per la personalizzazione:

- Sperimentate diversi gusti di hummus, ad esempio con peperoni rossi arrostiti, aglio o limone, per variare il sapore.
- Per una maggiore croccantezza, si può cospargere l'hummus con semi di sesamo o noci tritate.
- Questi bocconcini possono essere trasformati in un piccolo pasto aggiungendo una fonte proteica come i gamberetti o una piccola fetta di pollo alla griglia.

Chips di cavolo al forno

Ingredienti:

- Cavolo nero: 1 mazzo grande, senza i gambi duri e con le foglie tagliate a pezzetti
- Olio d'oliva: 1-30 grammi
- Sale: a piacere
- Spezie facoltative: Aglio in polvere, paprika affumicata, lievito alimentare o peperoncino in polvere

Istruzioni:

1. **Preriscaldare il forno e preparare il cavolo nero:** Preriscaldare il forno a 150°C (300°F). Lavare e asciugare accuratamente le foglie di cavolo riccio. Questo è importante affinché le chips risultino croccanti. A tale scopo, si può utilizzare una centrifuga per insalata, ma si possono anche asciugare le foglie con degli asciugamani.

2. **Condire il cavolo:** in una grande ciotola, far saltare delicatamente le foglie di cavolo con l'olio d'oliva in modo che ogni pezzo sia leggermente ricoperto. Cospargete di sale e di qualsiasi altro condimento che preferite. Usate il sale e i condimenti con parsimonia perché il cavolo riccio si restringe e i sapori si concentrano durante la cottura.

3. **Disporre su teglie da forno:** Disporre i pezzi di cavolo su teglie rivestite di carta da forno, facendo attenzione che non si sovrappongano, in modo che si croccino in modo uniforme.

4. **Cuocere:** Cuocere nel forno preriscaldato per 10-15 minuti, finché le chips di cavolo riccio non saranno croccanti e i bordi leggermente dorati. Tenetele d'occhio dopo 10 minuti per assicurarvi che non si brucino.

5. **Raffreddare e servire:** Lasciare raffreddare le patatine sulle teglie per qualche minuto; man mano che si raffreddano diventeranno croccanti. Servire immediatamente per ottenere una consistenza ottimale.

Informazioni nutrizionali (per porzione):

- Calorie: Circa 50-100 (a seconda della quantità di olio d'oliva utilizzato)
- Proteine: 2-3 g
- Fibra alimentare: 1-2 g
- Grassi: 4-7 g
- Carboidrati: 5-10 g
- Zucchero: basso

Suggerimenti per la personalizzazione:

- L'aggiunta di lievito nutrizionale conferisce un sapore di formaggio senza formaggio vero, rendendolo un'eccellente alternativa vegana.
- Per un tocco piccante, spolverare con peperoncino in polvere o pepe di Caienna prima di infornare.
- Sperimentate con altre spezie come il curry in polvere, lo za'atar o il cumino per ottenere diversi profili di sapore.

Continuiamo la nostra esplorazione degli "spuntini sani" e prendiamo in considerazione le "uova sode con un pizzico di sale". Questo spuntino è l'emblema della semplicità, del valore nutrizionale e della praticità.

Uova sode con un pizzico di sale

Ingredienti:

- Uova: 6 (grandi)
- Sale: a piacere
- Facoltativo: pepe, paprika o la spezia che preferite.

Istruzioni:

1. **Far bollire le uova:**

    - Disporre le uova in un unico strato sul fondo di una casseruola. Coprite le uova con acqua, assicurandovi che ci sia almeno un centimetro di acqua sopra le uova.
    - Portare l'acqua a ebollizione a fuoco vivo. Non appena l'acqua bolle, coprire la pentola con un coperchio, spegnere il fuoco e lasciare cuocere le uova nell'acqua calda per 9-12 minuti, a seconda del grado di cottura desiderato.
    - Preparare un bagno di ghiaccio riempiendo una ciotola con acqua e ghiaccio mentre le uova sono in cottura.

2. **Lasciare raffreddare le uova:**

    - Mettere le uova nel bagno di ghiaccio con un cucchiaio forato. Lasciarle raffreddare per almeno 5 minuti. In questo modo si arresta il processo di cottura e si facilita la sgusciatura.

3. **Sbucciare e condire:**

    - Sbucciare le uova sotto l'acqua corrente fredda per rimuovere il guscio. Asciugare con un tovagliolo di carta.
    - Tagliare le uova a metà a piacere e cospargerle con un pizzico di sale. Si può anche aggiungere un pizzico di pepe, paprika o altre spezie.

Informazioni nutrizionali (per uovo):

Calorie: Circa 70 Proteine: 6 g Fibre: 0 g Grassi: 5 g Carboidrati: 1 g Zuccheri: 0 g

Suggerimenti per la personalizzazione:

- Raffinate le vostre uova sode con fiocchi di peperoncino, cumino o curry in polvere per dare loro un sapore speciale.
- Per una consistenza più cremosa, aggiungete un cucchiaio di yogurt greco o di hummus a ogni metà uovo.
- Le uova sode possono anche essere trasformate in uova alla diavola mescolando il tuorlo con senape, maionese e spezie e aggiungendo poi il composto all'albume.

Bastoncini di carota e sedano con burro di arachidi

Ingredienti:

- Carote: 2 carote grandi, pelate e tagliate a bastoncini
- Sedano: 2 gambi grandi, tagliati a bastoncini
- Burro di arachidi: ¼ di tazza (liscio o croccante, a seconda delle preferenze)

Istruzioni:

1. **Preparare le verdure:** Lavare e pelare le carote e tagliarle a bastoncini sottili. Lavare i gambi di sedano e tagliarli a bastoncini di dimensioni simili. Asciugare con un tovagliolo di carta per eliminare l'umidità in eccesso.
2. **Servire con il burro di arachidi:** Mettere il burro di arachidi in una piccola ciotola da portata. Disporre i bastoncini di carota e sedano intorno alla ciotola per facilitare l'intingimento.
3. **Assaporare:** Immergete i bastoncini di verdure nel burro di arachidi e godetevi la combinazione di sapore e consistenza.

Informazioni nutrizionali (per porzione):

- Calorie: Circa 200-250 (a seconda della quantità di burro di arachidi utilizzato)
- Proteine: 8-10 g
- Fibra alimentare: 3-5 g
- Grassi: 16-18 g (principalmente dal burro di arachidi, che contiene grassi sani)
- Carboidrati: 10-15 g
- Zucchero: Basso (zucchero naturale dalle verdure)

Suggerimenti per la personalizzazione:

- Per una maggiore varietà, si possono utilizzare anche altre verdure, come strisce di peperone o fette di cetriolo.
- Perfezionare il burro di arachidi aggiungendo un pizzico di cannella, miele o cacao in polvere per dargli un sapore unico.
- Se siete allergici alle noci o preferite un sapore diverso, potete sostituire il burro di arachidi con burro di mandorle, burro di semi di girasole o tahini.

Mandorle e mirtilli rossi secchi

Ingredienti:

- Mandorle: ½ tazza, crude o tostate
- Mirtilli rossi secchi: ½ tazza

Istruzioni:

1. **Mescolare gli ingredienti:** In una ciotola, mescolare le mandorle e i mirtilli rossi secchi. Se si utilizzano mandorle crude e si preferiscono tostate, è possibile tostarle in una padella asciutta a fuoco medio per 3-5 minuti fino a quando sono fragranti. Lasciarle raffreddare prima di mescolarle ai mirtilli rossi.
2. **Servire:** Una volta frullati, mettete le mandorle e i mirtilli rossi secchi in una ciotola da portata o in un contenitore portatile se siete in viaggio.

Informazioni nutrizionali (per porzione):

- Calorie: Circa 300-350
- Proteine: 9-10 g
- Fibra alimentare: 4-5 g
- Grassi: 18-20 g (principalmente grassi sani dalle mandorle)
- Carboidrati: 30-35 g
- Zucchero: zucchero naturale dei mirtilli rossi essiccati ed eventualmente zucchero aggiunto a seconda del tipo di mirtilli rossi utilizzati.

Suggerimenti per la personalizzazione:

- Per dare un tocco di sapore in più, si può cospargere il composto con un pizzico di sale marino o di cannella.
- È possibile aggiungere anche altra frutta secca, come noci o anacardi, per variare la consistenza e il sapore.
- Per ridurre il contenuto di zucchero, cercate mirtilli rossi secchi dolcificati con succo di mela anziché con zucchero, oppure scegliete quelli senza zuccheri aggiunti.

"Mandorle e mirtilli rossi secchi" è uno snack saziante e portatile, facile da preparare e perfetto per uno spuntino a casa, al lavoro o in viaggio. La combinazione di grassi sani e proteine delle mandorle e gli antiossidanti e le fibre dei mirtilli rossi rendono questo spuntino un'ottima scelta per chiunque sia alla ricerca di uno spuntino nutriente.

Toast con avocado e ricotta

Ingredienti:

- Avocado: 1 avocado maturo, sbucciato e snocciolato
- Ricotta: ½ tazza (a basso contenuto di grassi o integrale, a seconda delle preferenze)
- Pane integrale: 2 fette, tostate
- Pomodori ciliegini: ½ tazza, tagliati a metà
- Foglie di basilico fresco: una manciata, tritate (facoltativo)
- Succo di limone: 15 grammi
- Sale: a piacere
- Pepe nero macinato: a piacere
- Fiocchi di pepe rosso: un pizzico (facoltativo per una maggiore piccantezza)

Istruzioni:

1. **Ridurre in purea l'avocado:** In una piccola ciotola, schiacciare l'avocado maturo con una forchetta fino a ottenere una consistenza omogenea. Aggiungere il succo di limone, il sale e il pepe nero. Mescolare bene. Il succo di limone non solo aggiunge sapore, ma impedisce anche che l'avocado diventi marrone.
2. **Preparare la ricotta:** in un'altra ciotola, mescolare la ricotta in modo che sia cremosa e liscia. Se si preferisce una consistenza più sottile, si può aggiungere un cucchiaio di latte o di acqua per scioglierla.
3. **Disporre i toast:** Spalmare metà della purea di avocado in modo uniforme su ogni fetta di pane integrale tostato. Ricoprire ogni fetta con uno strato abbondante di ricotta.
4. **Aggiungere il condimento:** Cospargere i pomodorini tagliati a metà e le foglie di basilico fresco tritate sulla ricotta. Questo dà al toast un tocco di freschezza e una nota di dolcezza.
5. **Condimento:** aggiungere sale, pepe nero e fiocchi di pepe rosso a piacere. I fiocchi di pepe rosso sono facoltativi, ma sono consigliati se vi piace il piccante.
6. **Servire:** Da gustare subito come colazione nutriente, spuntino saziante o pranzo leggero.

Informazioni nutrizionali (per porzione):

Calorie: Circa 250-300 Proteine: 10-15 g Fibre: 5-7 g Grassi: 15-20 g Carboidrati: 20-30 g Zuccheri: bassi

Suggerimenti per la personalizzazione:

- **Variare i condimenti:** sperimentare diversi condimenti, come fettine di cetriolo, ravanelli o qualche seme (zucca, girasole) per dare maggiore consistenza e valore nutrizionale.
- **Erbe e spezie:** È possibile sostituire il basilico con altre erbe come coriandolo, aneto o prezzemolo per ottenere diversi profili di sapore. Anche un pizzico di paprika affumicata o di cumino può aggiungere profondità al piatto.
- **Alternative al pane:** Se cercate un'alternativa senza glutine o semplicemente volete cambiare, potete usare come base del pane senza glutine, una grande foglia di lattuga o una patata dolce affettata e arrostita.

Patate dolci al forno

Ingredienti:

- Patate dolci: 2 grandi, sbucciate e tagliate a fette spesse un quarto di pollice
- Olio d'oliva: 30 grammi
- Paprika: 1 cucchiaino
- Aglio in polvere: 1/2 cucchiaino
- Sale: 1/2 cucchiaino
- Pepe nero macinato: 1/4 di cucchiaino

Istruzioni:

1. **Preriscaldare il forno:** per prima cosa preriscaldare il forno a 220°C (425°F). Questa temperatura elevata è fondamentale per ottenere la consistenza croccante desiderata.
2. **Preparare le patate dolci:** Dopo aver sbucciato e tagliato le patate dolci a fette, metterle a bagno in acqua fredda per almeno 30 minuti. Questo passaggio è importante per eliminare l'amido in eccesso, che contribuirà a renderle croccanti al forno.
3. **Condimento:** scolare le patate dolci e asciugarle con un panno. In una ciotola capiente, farle saltare con olio d'oliva, paprika, aglio in polvere, sale e pepe nero fino ad ottenere un rivestimento uniforme. L'olio d'oliva non solo aiuta la cottura, ma favorisce anche l'assorbimento delle vitamine liposolubili.
4. **Disporre sulla teglia da forno:** Distribuire le patate dolci fritte in un unico strato su una teglia rivestita di carta da forno. Assicuratevi che non si tocchino; un eccessivo affollamento potrebbe farle cuocere a vapore anziché croccanti.
5. **Cuocere:** Cuocere nel forno preriscaldato per 20-25 minuti, girando a metà cottura, finché non saranno dorati e croccanti ai bordi.
6. **Servire:** Togliere dal forno e lasciare raffreddare sulla teglia per qualche minuto per mantenere la croccantezza. Servire caldi come contorno o come spuntino salutare.

Informazioni nutrizionali (per porzione):

Calorie: Circa 200-250 Proteine: 2-3 g Fibre: 4-5 g Grassi: 7-9 g Carboidrati: 35-40 g Zucchero: Basso

Suggerimenti per la personalizzazione:

- **Variazioni di spezie:** Sentitevi liberi di sperimentare diverse spezie, a seconda delle vostre preferenze di gusto. La cannella o il pepe di Caienna possono dare un tocco unico al profilo aromatico.
- **Salse per intingere:** servire con diverse salse per intingere, ad esempio una salsa alle erbe a base di yogurt o un ketchup piccante per esaltare il sapore.
- **Potenziamento nutrizionale:** se lavate accuratamente le patate dolci e lasciate la buccia, otterrete un ulteriore incremento nutrizionale. La buccia è ricca di fibre e di sostanze nutritive.

Edamame con sale marino

Ingredienti:

- Edamame: 400 grammi, fresco o congelato (in baccelli)
- Sale marino: 15 grammi, o a piacere
- Acqua: per cucinare

Istruzioni:

1. **Preparare gli edamame:** Se si utilizzano edamame congelati, non è necessario scongelarli. Gli edamame freschi devono essere lavati e privati di ogni residuo.
2. **Far bollire l'acqua:** Portare l'acqua a ebollizione in una pentola grande. La quantità d'acqua deve essere sufficiente a coprire completamente gli edamame.
3. **Cuocere gli edamame:** Aggiungere gli edamame all'acqua bollente e cuocere per 3-5 minuti, finché i baccelli non sono di colore verde brillante e i fagioli all'interno sono teneri. Non cuocere troppo, in modo che rimangano leggermente croccanti.
4. **Scolare e lasciare raffreddare:** Scolare gli edamame in un colino e sciacquarli sotto l'acqua fredda per fermare il processo di cottura. In questo modo gli edamame manterranno il loro colore verde brillante e la loro consistenza croccante.
5. **Condimento: mettere** gli edamame cotti in una ciotola da portata e cospargerli di sale marino. Mescolare con cura in modo che i baccelli siano uniformemente ricoperti di sale.
6. **Servire:** Gustare gli edamame caldi o a temperatura ambiente. Per mangiarli, basta spingere i fagioli fuori dai baccelli con i denti e scartare i baccelli.

Informazioni nutrizionali (per porzione):

- Calorie: Circa 100-120
- Proteine: 9-11 g
- Fibra alimentare: 4-6 g
- Grassi: 5-6 g
- Carboidrati: 9-10 g
- Zucchero: basso

Suggerimenti per la personalizzazione:

- **Variazioni di sapore:** Sebbene il sale marino sia un condimento classico, è possibile cospargere gli edamame con spezie come peperoncino in polvere, aglio in polvere o una spruzzata di succo di limone fresco per esaltarne il sapore.
- **Idee per servire:** L'edamame è perfetto per insalate, terrine o come spuntino a sé stante. La sua versatilità e i suoi benefici per la salute lo rendono un ingrediente prezioso per diversi piatti.
- **Informazioni nutrizionali:** l'edamame è una proteina completa, cioè contiene tutti e nove gli aminoacidi essenziali ed è quindi un'ottima fonte di proteine per vegetariani e vegani.

Barrette di muesli fatte in casa

Ingredienti:

- Fiocchi d'avena: 400 grammi
- Noci e semi (come mandorle, noci, semi di girasole): 200 grammi, tritati grossolanamente
- Frutta secca (come mirtilli rossi, uva sultanina, albicocche): 1/2 tazza, tritata
- Miele o sciroppo d'acero: 1/2 tazza
- Burro di arachidi o burro di mandorle: 1/2 tazza
- Estratto di vaniglia: 1 cucchiaino
- Cannella macinata: 1/2 cucchiaino da tè
- Sale: un pizzico

Istruzioni:

1. **Preriscaldare il forno:** per prima cosa preriscaldare il forno a 350°F (175°C). Foderare una teglia (circa 9x9 pollici) con carta da forno, lasciando una certa sporgenza sui lati per facilitare la rimozione.

2. **Tostatura dell'avena e delle noci:** distribuire l'avena e le noci tritate su una teglia e farle tostare nel forno preriscaldato per 10-15 minuti, mescolando di tanto in tanto, finché non saranno leggermente dorate e fragranti. Questa fase esalta i sapori dell'avena e delle noci.

3. **Mescolare gli ingredienti umidi:** Unire il miele (o lo sciroppo d'acero), il burro di arachidi (o di mandorle), l'estratto di vaniglia e la cannella macinata in una casseruola a fuoco medio. Cuocere, mescolando continuamente, fino a quando il composto è liscio e ben combinato. Togliere dal fuoco.

4. **Mescolare gli ingredienti:** In una grande ciotola, unire l'avena e le noci tostate, la frutta secca e la miscela tiepida di miele e burro di arachidi. Mescolare fino a quando tutti gli ingredienti non saranno uniformemente ricoperti. Se il composto sembra troppo secco, aggiungere un po' di miele o di burro di arachidi.

5. **Premere nella teglia:** Versare il composto nella teglia preparata. Premere con forza con una spatola o con il dorso di un cucchiaio per compattare il più possibile il composto. Questo aiuterà le barrette di muesli a rimanere unite dopo il raffreddamento.

6. **Raffreddare:** Mettere lo stampo in frigorifero per almeno 2 ore, o fino a quando l'impasto non si sarà rassodato. Questo tempo di raffreddamento è importante affinché le barrette mantengano la loro forma.

7. **Tagliare in barrette:** Sollevare l'impasto sodo dalla teglia utilizzando la sporgenza della carta da forno. Disporre su un tagliere e tagliare a barrette o a quadratini come desiderato.

8. **Conservare:** Conservare le barrette di muesli in un contenitore ermetico in frigorifero per un massimo di 2 settimane o congelarle per una conservazione più lunga.

Informazioni nutrizionali (per barretta, approssimative):

Calorie: 150-200 Proteine: 4-6 g Fibre: 2-3 g Grassi: 8-10 g Carboidrati: 18-22 g Zuccheri: Zucchero naturale da miele e frutta secca

Guacamole con pezzi di peperone dolce

Ingredienti:

- Avocado maturi: 3, sbucciati, snocciolati e schiacciati
- Succo di lime: 30 grammi, appena spremuto
- Sale: ½ cucchiaino, o a piacere
- Cumino macinato: ½ cucchiaino da tè
- Cipolla rossa: ¼ di tazza, tritata finemente
- Coriandolo: 30 grammi, tritato fresco
- Jalapeño fresco: 1, privato dei semi e tagliato a pezzetti (facoltativo per un sapore più intenso)
- Aglio: 1 spicchio, tritato
- Peperoni (rossi, gialli e verdi): 1 ciascuno, tagliato a strisce larghe

Istruzioni:

1. **Preparare la base per il guacamole:** In una ciotola di medie dimensioni, mescolare l'avocado schiacciato con il succo di lime, il sale, il cumino macinato, la cipolla rossa tritata, il coriandolo, gli jalapeños tritati (se usati) e l'aglio. Il succo di lime non solo conferisce un sapore piccante, ma impedisce anche all'avocado di scurirsi.

2. **Mescolare bene:** Mescolare il composto finché non è ben combinato. Per un guacamole più omogeneo, frullare gli ingredienti più a fondo. Per una consistenza più soda, mescolare delicatamente gli ingredienti.

3. **Regolare il condimento:** aromatizzare il guacamole e regolare il sale o il succo di lime secondo necessità. La chiave per un guacamole perfetto è l'equilibrio tra la ricchezza dell'avocado, l'acidità del lime e le spezie.

4. **Preparare i peperoni:** Mentre i sapori del guacamole si combinano, tagliare i peperoni a strisce larghe. Servono come guarnizione croccante, dolce e colorata per il guacamole cremoso.

5. **Servire:** Mettete il guacamole in una ciotola da portata e disponetevi intorno le fette di peperone. Invitate i vostri ospiti a mangiare il guacamole con le fette di peperone: uno spuntino rinfrescante e salutare.

Informazioni nutrizionali (per porzione, valore guida):

Calorie: 150-200 Proteine: 2-3 g Fibre: 6-7 g Grassi: 12-15 g (soprattutto grassi monoinsaturi) Carboidrati: 10-12 g Zuccheri: bassi

Suggerimenti per la personalizzazione:

- **Aggiunte:** Il guacamole può essere perfezionato con pomodori a cubetti, mais dolce o fagioli neri per dare più consistenza e sapore.
- **Livello di piccantezza:** il jalapeño è facoltativo e può essere regolato in base alle proprie preferenze di piccantezza. Per un guacamole più delicato, omettere il jalapeño o usarne meno.

Palline proteiche con avena e semi di chia

Ingredienti:

- Fiocchi d'avena arrotolati: 200 grammi
- Burro di arachidi (o un burro di noci a scelta): 1/2 tazza
- Miele (o sciroppo d'acero per una versione vegana): 1/3 di tazza
- Semi di chia: 30 grammi
- Semi di lino (macinati): 30 grammi
- Proteine in polvere (facoltative, di qualsiasi gusto): 30 grammi
- Gocce di cioccolato fondente (facoltative): 30 grammi
- Estratto di vaniglia: 1 cucchiaino
- Un pizzico di sale

Istruzioni:

1. **Mescolare gli ingredienti secchi:** Mettere l'avena arrotolata, i semi di chia, i semi di lino macinati, le proteine in polvere (se utilizzate) e un pizzico di sale in una grande ciotola. Mescolare gli ingredienti secchi fino a distribuirli uniformemente.

2. **Aggiungere gli ingredienti umidi:** Aggiungere al composto secco il burro di arachidi, il miele (o lo sciroppo d'acero) e l'estratto di vaniglia. Se si utilizzano le gocce di cioccolato, aggiungere anche queste all'impasto.

3. **Mescolare bene:** Mescolare tutti gli ingredienti fino a quando non sono ben combinati. Il composto deve essere abbastanza appiccicoso da rimanere unito. Se è troppo secco, aggiungere un po' di burro di arachidi o di miele; se è troppo umido, aggiungere più avena.

4. **Formare le palline:** Con le mani, prendere piccole porzioni di impasto e farle rotolare in palline, grandi circa come una noce. Con l'impasto si dovrebbero ottenere circa 12-15 palline, a seconda delle dimensioni.

5. **Raffreddare:** Disporre le palline di albume su una teglia rivestita di carta da forno e mettere in frigo per almeno 30 minuti. Questo passaggio aiuta le palline a rapprendersi e a rassodarsi.

6. **Conservare:** Una volta rassodate, riporre le palline proteiche in un contenitore ermetico. Possono essere conservate in frigorifero per un massimo di 2 settimane o congelate per conservarle più a lungo.

Informazioni nutrizionali (per misurino, approssimative):

Calorie: 100-120 Proteine: 4-6 g Fibre: 2-3 g Grassi: 5-7 g Carboidrati: 10-12 g Zuccheri: Zucchero naturale da miele e cioccolato fondente

Suggerimenti per la personalizzazione:

- **Varianti del burro di noci:** Sperimentate con diversi burri di noci come il burro di mandorle, di anacardi o di semi di girasole per ottenere sapori e consistenze uniche.

- **Additivi: personalizzate le** vostre palline proteiche aggiungendo ingredienti diversi come frutta secca, noci, semi o spezie come cannella o noce moscata per un sapore più intenso.

Spiedini di caprese con pomodorini e mozzarella

Ingredienti:

- Pomodori ciliegini: 400 grammi
- Palline di mozzarella fresca (ciliegine): 200 grammi
- Foglie di basilico fresco: circa 30 foglie
- Glassa al balsamico: per la copertura
- Olio extravergine d'oliva: per la copertura
- Sale: a piacere
- Pepe nero macinato: a piacere
- Spiedini di legno o stuzzicadenti

Istruzioni:

1. **Assemblare gli spiedini:** Infilare nello spiedino prima un pomodorino, poi una foglia di basilico fresco (piegata se grande) e infine una pallina di mozzarella. Ripetete l'operazione fino a riempire lo spiedino a vostro piacimento, lasciando abbastanza spazio a un'estremità per tenerlo comodamente. Assicuratevi di avere una disposizione visivamente accattivante di colori e consistenze.

2. **Condimento:** disporre gli spiedini finiti su un piatto da portata. Irrorare leggermente con olio extravergine d'oliva e glassa balsamica. L'olio d'oliva aggiunge ricchezza e profondità al piatto, mentre la glassa balsamica crea un contrasto dolce e salato con gli ingredienti freschi.

3. **Aggiungere il tocco finale:** Insaporire con sale e pepe nero macinato. Il sale esalta i sapori e il pepe aggiunge una leggera piccantezza che completa la dolcezza dei pomodori e la cremosità della mozzarella.

4. **Raffreddare e servire:** Lasciare raffreddare gli spiedini in frigorifero per circa 15-30 minuti prima di servirli. Questo passaggio non è obbligatorio, ma contribuisce a esaltare i sapori e rende l'antipasto rinfrescante.

Informazioni nutrizionali (per spiedino, approssimative):

Calorie: 50-70 Proteine: 3-4 g Fibre: 1 g Grassi: 4-5 g Carboidrati: 2-3 g Zucchero: Basso

Suggerimenti per la personalizzazione:

- **Varianti:** Se volete variare la classica caprese, potete aggiungere agli spiedini altri ingredienti come olive, cetrioli a fette o peperoni rossi arrostiti per aggiungere sapore e consistenza.

- **Alternative al formaggio:** Se cercate un'alternativa senza latticini, potete usare la mozzarella vegana al posto di quella normale, per soddisfare tutte le diete.

- **Opzioni di servizio:** Questi spiedini possono essere serviti da soli o insieme ad altri antipasti per un menu più sostanzioso. Si accompagnano magnificamente a vini bianchi frizzanti o a cocktail leggeri e fruttati.

Dessert a basso contenuto calorico
Mele al forno con cannella

Ingredienti:

- Mele grandi: 4, di varietà sode come Granny Smith o Honeycrisp.
- Cannella macinata: 2 cucchiaini da tè
- Noce moscata: ¼ di cucchiaino (facoltativo)
- Miele o sciroppo d'acero: 30 grammi
- Uva sultanina o mirtilli rossi secchi: ¼ di tazza
- Noci o noci pecan tritate: ¼ di tazza (facoltativo)
- Acqua: ½ tazza

Istruzioni:

1. **Preriscaldare il forno e preparare le mele:** Per prima cosa, preriscaldare il forno a 175°C. Togliere il torsolo alle mele, lasciando la base intatta, e praticare un taglio poco profondo intorno alla parte superiore di ogni mela per evitare che la buccia si rompa durante la cottura.
2. **Preparare il ripieno:** In una piccola ciotola, mescolate insieme la cannella macinata, la noce moscata (se usata), il miele (o lo sciroppo d'acero), l'uva sultanina (o i mirtilli rossi secchi) e le noci tritate (se usate). Questa miscela infonderà alle mele un ricco aroma durante la cottura.
3. **Farcite le mele:** Versare il ripieno in ogni mela tagliata e chiudere bene. Il ripieno deve essere di dimensioni generose, in quanto, cuocendo, aumenta la concentrazione di sapore.
4. **Cottura:** disporre le mele ripiene in una teglia e versare dell'acqua sul fondo della teglia. L'acqua contribuisce a creare il vapore nel forno, che cuoce le mele in modo uniforme e le mantiene umide.
5. **Tempo di cottura:** cuocere nel forno preriscaldato per 30-40 minuti, finché le mele non saranno morbide ma non mollicce. Il tempo esatto dipende dalla dimensione e dalla varietà delle mele.
6. **Servire caldo:** Lasciare raffreddare leggermente le mele al forno prima di servirle. Si possono gustare così come sono, oppure con un cucchiaio di yogurt greco o un filo di miele per una maggiore dolcezza.

Informazioni nutrizionali (per porzione, valore guida):

Calorie: 120-150 Proteine: 1-2 g Fibre: 3-4 g Grassi: 2-4 g (se si aggiungono le noci) Carboidrati: 25-30 g Zuccheri: Zucchero naturale dalla mela e una piccola quantità dal miele aggiunto

Suggerimenti per la personalizzazione:

- **Una varietà di ripieni:** Sentitevi liberi di sperimentare diversi ripieni, ad esempio con burro di mandorle, frutta secca varia o un pizzico di muesli per una maggiore croccantezza.
- **Spezie:** Regolate le spezie in base alle vostre preferenze. I chiodi di garofano o il pimento possono dare un profilo di sapore più intenso.
- **Suggerimenti per il servizio:** Per un piacere speciale, servite le mele al forno con una pallina di gelato alla vaniglia a basso contenuto calorico o un budino leggero.

"Mele al forno con cannella" cattura l'essenza di un accogliente dessert autunnale, saziante e salutare.

Ghiaccioli allo yogurt e frutti di bosco

Ingredienti:

- Yogurt greco: 2 tazze (normale o alla vaniglia, a seconda della dolcezza desiderata)
- Frutti di bosco misti (come fragole, mirtilli, lamponi): 200 grammi, freschi o congelati
- Miele o sciroppo d'acero: 30 grammi (regolare in base alla dolcezza dello yogurt e alle preferenze personali)
- Succo di limone: 15 grammi
- Stampi e bastoncini per ghiaccioli

Istruzioni:

1. **Preparare i frutti di bosco:** Se si utilizzano frutti di bosco freschi, lavarli e dissotterrarli come richiesto. Se si utilizzano frutti di bosco surgelati, scongelarli leggermente. Per una consistenza più omogenea, potete ridurre i frutti di bosco in purea con un frullatore. Per ottenere un ghiacciolo più sodo, lasciare i frutti di bosco interi o tritarli grossolanamente.

2. **Mescolare gli ingredienti:** In una ciotola, mescolare lo yogurt greco, i frutti di bosco preparati, il miele (o lo sciroppo d'acero) e il succo di limone. Mescolare delicatamente il composto per distribuire uniformemente i frutti di bosco. Fare attenzione a non mescolare troppo se si vuole ottenere un effetto marmorizzato.

3. **Riempire gli stampi per ghiaccioli:** Versare a cucchiaiate il composto di yogurt e frutti di bosco negli stampi per ghiaccioli, lasciando un piccolo spazio in alto in modo che possa espandersi durante il congelamento. Battere delicatamente gli stampi sul piano di lavoro per eliminare eventuali bolle d'aria.

4. **Inserire i bastoncini:** Inserire i bastoncini negli stampi. Se si utilizza uno stampo in cui i bastoncini non stanno in piedi, congelare il ghiacciolo per circa un'ora finché non è semi-solido e poi inserire i bastoncini.

5. **Congelare:** Congelare il gelato per almeno 4 ore, o finché non è completamente solido.

6. **Servire:** Per staccare i bastoncini dei ghiaccioli, sciacquare gli stampi con acqua calda per qualche secondo. Tirare delicatamente i bastoncini per rimuovere i ghiaccioli.

Informazioni nutrizionali (per ghiacciolo, approssimative):

Calorie: 70-100 Proteine: 4-6 g Fibre: 1-2 g Grassi: 0-1 g Carboidrati: 10-15 g Zuccheri: Zucchero naturale della frutta e miele aggiunto

Suggerimenti per la personalizzazione:

- **Varietà di yogurt:** sperimentare diversi tipi di yogurt, come quello al cocco o al latte di mandorla, come alternativa senza latticini.
- **Selezione delle bacche:** Combinate le bacche in base alla disponibilità stagionale o alle preferenze personali. Ogni combinazione offre un sapore unico e un profilo antiossidante.
- **Additivi:** È possibile aggiungere all'impasto estratto di vaniglia, noci tritate o granola per migliorare il sapore e la consistenza.

Crumble di cioccolato fondente e mandorle

Ingredienti:

- Cioccolato fondente: 170 grammi (preferibilmente al 70% di cacao o superiore)
- Mandorle intere: 200 grammi (tostate, se si desidera, per una maggiore croccantezza e sapore)
- Sale marino: un pizzico (facoltativo, per esaltare il sapore)
- Aggiunte facoltative: Frutta secca (ad esempio mirtilli o ciliegie), semi (ad esempio semi di zucca o di girasole) o un pizzico di sale marino grosso per insaporire.

Istruzioni:

1. **Sciogliere il cioccolato: rompere** il cioccolato fondente in piccoli pezzi e metterlo in una ciotola resistente al calore. Sciogliere il cioccolato a bagnomaria o nel microonde a intervalli di 30 secondi, mescolando tra un intervallo e l'altro, fino a ottenere un composto omogeneo. Fare attenzione a non surriscaldare il cioccolato per evitare che diventi granuloso.
2. **Preparare le mandorle:** Se non l'avete già fatto, tostate le mandorle in una padella asciutta a fuoco medio per 5-8 minuti, finché non saranno leggermente dorate e fragranti. Lasciarle raffreddare prima di utilizzarle.
3. **Mescolare il cioccolato e le mandorle:** una volta che il cioccolato si è sciolto ed è liscio, aggiungere le mandorle alla ciotola. Mescolare fino a quando le mandorle saranno completamente ricoperte di cioccolato. Se si utilizzano degli extra opzionali, mescolarli ora.
4. **Formare dei grappoli:** Foderare una teglia con carta da forno. Con un cucchiaio o una piccola paletta, distribuire il composto di cioccolato e mandorle sulla carta da forno a grappoli, grandi o piccoli a piacere.
5. **Lasciare raffreddare:** Se lo si desidera, cospargere le montagnole con un pizzico di sale marino. Riporre quindi la teglia in frigorifero per 30 minuti, o fino a quando il cioccolato non si sarà completamente indurito e le montagnole non si saranno rassodate.
6. **Servire:** Una volta che l'uva si è rassodata, può essere servita immediatamente o conservata in un contenitore ermetico in frigorifero per un massimo di 2 settimane.

Informazioni nutrizionali (per acino, approssimative):

- Calorie: 80-100
- Proteine: 2-3 g
- Fibra alimentare: 2 g
- Grassi: 7-9 g (principalmente dalle mandorle)
- Carboidrati: 6-8 g
- Zucchero: da basso a moderato, a seconda del contenuto di cacao del cioccolato.

Suggerimenti per la personalizzazione:

- **Diversi tipi di cioccolato:** sperimentate diversi tipi di cioccolato fondente per trovare il vostro equilibrio preferito di dolcezza e amarezza.

Pesche alla griglia con miele e yogurt

Ingredienti:

- Pesche fresche: 4, mature ma sode, tagliate a metà e snocciolate
- Miele: 30 grammi, più altri per spruzzare
- Yogurt greco: 200 grammi (normale o alla vaniglia, a seconda delle preferenze)
- Cannella: ½ cucchiaino (facoltativo, per spolverare)
- Olio d'oliva o burro: per ricoprire la griglia o le pesche

Istruzioni:

1. **Preriscaldamento della griglia:** preriscaldare la griglia a livello medio-alto. Se si utilizza una padella per grigliare sul piano di cottura, riscaldarla fino al punto in cui una goccia d'acqua sfrigola al contatto.
2. **Preparare le pesche:** Spennellare i lati tagliati delle pesche con un leggero strato di olio d'oliva o di burro fuso. In questo modo si evita che si attacchino e si ottengono dei bei segni sulla griglia.
3. **Grigliare le pesche:** Posizionare le pesche con il lato tagliato verso il basso sulla griglia. Grigliare per 4-5 minuti fino a quando le pesche sono morbide e presentano chiari segni di cottura. Girarle e grigliarle per altri 2-3 minuti per riscaldarle.
4. **Servire:** Disporre le pesche grigliate con il lato tagliato verso l'alto su piatti o su un piatto da portata. Al centro, nel punto in cui si trovava il nocciolo, mettete una generosa cucchiaiata di yogurt greco. Irrorare con il miele e spolverare con la cannella, se si usa.
5. **Da gustare:** servire immediatamente quando le pesche sono ancora calde, in modo che lo yogurt fresco contrasti bene con la frutta calda.

Informazioni nutrizionali (per porzione, valore guida):

- Calorie: 120-150
- Proteine: 4-5 g
- Fibra alimentare: 2-3 g
- Grassi: 1-2 g (se si usa olio d'oliva o burro per spennellare)
- Carboidrati: 25-30 g
- Zucchero: zucchero naturale delle pesche e aggiunta di miele

Suggerimenti per la personalizzazione:

- **Alternative allo yogurt:** Per una versione senza latticini, lo yogurt di cocco o lo yogurt al latte di mandorla sono ottimi sostituti dello yogurt greco.
- **Dolcificante:** al posto del miele, si può usare anche lo sciroppo d'acero o un po' di zucchero di canna per un profilo di sapore diverso.

Sorbetto ai frutti di bosco e menta

Ingredienti:

- Frutti di bosco misti: 550 g (ad es. fragole, lamponi, mirtilli, more), freschi o congelati
- Foglie di menta fresca: ¼ di tazza, più altre per guarnire
- Miele o sciroppo d'acero: 3 cucchiai (a seconda dei gusti)
- Succo di limone: 30 grammi
- Acqua: ½ tazza (se necessario per facilitare la miscelazione)

Istruzioni:

1. **Preparare il composto di bacche:** Se si utilizzano frutti di bosco freschi, lavarli e dissotterrarli. Se si utilizzano frutti di bosco surgelati, lasciarli scongelare leggermente. Mettere i frutti di bosco in un frullatore o in un robot da cucina.

2. **Aggiungere gli aromi:** Ai frutti di bosco, aggiungete le foglie di menta fresca (tagliate in pezzi più piccoli per rilasciare gli oli), il miele (o lo sciroppo d'acero) e il succo di limone. Il succo di limone non solo aggiunge una nota brillante e agrumata, ma esalta anche il sapore naturale dei frutti di bosco.

3. **Purea:** Ridurre in purea il composto fino a renderlo omogeneo. Se il composto è troppo denso e non si riduce in purea, aggiungere un po' d'acqua. Assaggiare il composto e regolare la dolcezza se necessario.

4. **Filtrare (facoltativo):** Per ottenere un sorbetto più liscio, filtrate il composto attraverso un setaccio a maglie fini per rimuovere i semi e i pezzi più grandi di menta. Questo passaggio è facoltativo, ma è consigliato per ottenere una consistenza setosa.

5. **Congelare:** Versare il composto del sorbetto in una pirofila poco profonda o in un contenitore adatto al congelamento. Congelare per almeno 4 ore, mescolando ogni ora per le prime ore per rompere i grossi cristalli di ghiaccio che si formano. Questo processo contribuisce a rendere il sorbetto più omogeneo.

6. **Servire:** Dopo il congelamento, lasciate il sorbetto a temperatura ambiente per qualche minuto, in modo che si ammorbidisca leggermente e sia più facile da spalmare. Servire guarnendo con foglie di menta fresca.

Informazioni nutrizionali (per porzione, valore guida):

- Calorie: 80-100
- Proteine: 1 g
- Fibra alimentare: 3-4 g
- Grassi: 0 g
- Carboidrati: 20-25 g
- Zucchero: zucchero naturale dei frutti di bosco e miele aggiunto

Suggerimenti per la personalizzazione:

- **Varietà di bacche:** potete utilizzare qualsiasi combinazione di bacche che preferite o che avete a portata di mano. Ogni tipo di bacca offre un sapore e un profilo nutrizionale unico.

Pere in camicia al vino rosso

Ingredienti:

- Pere sode ma mature: 4 (ad esempio Bosc o Anjou), sbucciate, tagliate a metà e private dei semi.
- Vino rosso: 400 grammi (va bene una varietà corposa come il Cabernet Sauvignon o il Merlot)
- Acqua: 200 grammi
- Zucchero semolato: ½ tazza (regolare a piacere)
- Bastoncino di cannella: 1
- Baccello di vaniglia: 1, tagliato nel senso della lunghezza (o 1 cucchiaino di estratto di vaniglia)
- Buccia d'arancia: strisce di 1 arancia
- Chiodi di garofano: 4

Istruzioni:

1. **Preparare le pere:** Sbucciare le pere, quindi dimezzarle e privarle del torsolo. Se si lascia intatto il picciolo di una metà, questo può migliorare l'aspetto del piatto.

2. **Preparare il liquido di cottura:** Mettere il vino rosso, l'acqua, lo zucchero, la stecca di cannella, il baccello di vaniglia (o l'estratto), le strisce di buccia d'arancia e i chiodi di garofano in una casseruola abbastanza grande da contenere le metà delle pere in un solo strato. Scaldare a fuoco medio fino a quando lo zucchero si sarà sciolto, mescolando di tanto in tanto.

3. **Mettere in camicia le pere:** Una volta sciolto lo zucchero, mettere le metà delle pere con il lato tagliato verso il basso nel liquido di cottura. Portare il composto a ebollizione, quindi ridurre il fuoco e coprire. Cuocere le pere in camicia per 15-20 minuti, finché non sono morbide ma conservano la loro forma. Il tempo può variare a seconda del grado di maturazione delle pere.

4. **Lasciare raffreddare e infondere:** Dopo la cottura in camicia, spegnere il fornello e lasciare raffreddare le pere nel liquido. Per un sapore più intenso, si possono lasciare le pere nel liquido di cottura in frigorifero per una notte, in modo che assorbano meglio i sapori.

5. **Ridurre la salsa:** Togliere le pere dal liquido e metterle da parte. Portare a ebollizione il liquido di cottura a fuoco lento fino a quando non si sarà ridotto della metà e addensato fino a diventare uno sciroppo, circa 15-20 minuti. Filtrare lo sciroppo per eliminare le spezie e la buccia d'arancia.

6. **Servire:** Per servire, disporre una mezza pera tagliata verso il basso su ogni piatto. Irrorare con lo sciroppo di vino ridotto e, se lo si desidera, servire con una pallina di gelato alla vaniglia o una pallina di panna montata.

Informazioni nutrizionali (per porzione, valore guida):

Calorie: 200-250 Proteine: 1 g Fibre: 3-4 g Grassi: 0 g Carboidrati: 40-50 g Zuccheri: zucchero naturale delle pere e zucchero aggiunto

Suggerimenti per la personalizzazione:

- **Alternative al vino:** Per una versione analcolica, sostituite il vino rosso con una miscela di succo di mirtillo rosso e una spruzzata di aceto balsamico per una maggiore profondità.

- **Variazioni di spezie:** Provate a sperimentare altre spezie, come anice stellato, cardamomo o noce moscata, per ottenere diversi profili di sapore.

Budino di chia alla zucca e spezie

Ingredienti:

- Semi di chia: ¼ di tazza
- Purea di zucca: ½ tazza (senza ripieno di torta di zucca)
- Latte di mandorla (o qualsiasi altro latte di origine vegetale): 200 grammi
- Sciroppo d'acero: 30 grammi (regolare a piacere)
- Spezia per torta di zucca: 1 cucchiaino (o una miscela di cannella, noce moscata, zenzero e chiodi di garofano)
- Estratto di vaniglia: ½ cucchiaino
- Un pizzico di sale

Istruzioni:

1. **Mescolare gli ingredienti:** Unire in una ciotola i semi di chia, la purea di zucca, il latte di mandorla, lo sciroppo d'acero, la spezia della torta di zucca, l'estratto di vaniglia e un pizzico di sale. Frullare fino a quando tutto è ben combinato e la purea di zucca è completamente incorporata nel composto.

2. **Lasciare raffreddare:** Coprire la ciotola con pellicola trasparente o mettere il composto in un contenitore sigillato. Mettere in frigo per almeno 4 ore o per tutta la notte per permettere ai semi di chia di assorbire il liquido e addensarsi fino a raggiungere la consistenza di un budino.

3. **Mescolare e servire:** Mescolare bene il chia pudding prima di servirlo per assicurarsi che la consistenza sia uniforme. Se il budino è troppo denso, si può regolare la consistenza aggiungendo un po' di latte di mandorla e mescolando fino a raggiungere la consistenza desiderata.

4. **Guarnizione: servire** il budino in coppe o ciotole individuali. Guarnire con un pizzico di spezia di zucca, un filo di sciroppo d'acero e, se lo si desidera, un po' di panna montata o noci tritate per migliorare la consistenza.

Informazioni nutrizionali (per porzione, valore guida):

Calorie: 150-200 Proteine: 3-5 g Fibre: 7-10 g Grassi: 5-7 g Carboidrati: 20-25 g Zuccheri: Zucchero naturale da sciroppo d'acero

Suggerimenti per la personalizzazione:

- **Alternative al latte:** potete usare il tipo di latte che preferite. Il latte di cocco, ad esempio, può aggiungere una consistenza cremosa e una nota di sapore tropicale.

- **Opzioni per il dolcificante:** regolare la dolcezza utilizzando miele, sciroppo d'agave o stevia in alternativa allo sciroppo d'acero.

- **Guarnizioni aggiuntive:** perfezionate il vostro chia pudding con ingredienti come muesli, banane a fette o un mix di frutta autunnale come mele o pere per aggiungere sapore e consistenza.

Il Pumpkin Spice Chia Pudding è un dessert autunnale per eccellenza che incarna i sapori della stagione in modo nutriente e delizioso. È un ottimo esempio di come ingredienti semplici, se combinati con cura, creino una delizia soddisfacente che nutre il corpo e delizia le papille gustative. Questo budino non solo offre i benefici per la salute dei semi di chia, tra cui gli acidi grassi omega-3, le fibre e le proteine, ma porta anche il gusto confortante della zucca speziata nel vostro repertorio di dessert, rendendolo una scelta perfetta per un'indulgenza attenta alla salute.

Budino di riso al cocco e lime

Ingredienti:

- Riso Arborio o riso a chicco corto: ½ tazza
- Latte di cocco in scatola: 1 barattolo (500 g), intero per una maggiore cremosità
- Acqua: 1½ bicchiere
- Zucchero semolato: ¼ di tazza (regolare a piacere)
- Scorza di lime: da 1 lime
- Succo di lime: da 1 lime
- Estratto di vaniglia: 1 cucchiaino
- Un pizzico di sale
- Cocco grattugiato tostato: per guarnire (facoltativo)
- Fette di lime fresco: Per guarnire (facoltativo)

Istruzioni:

1. **Cuocere il riso:** In una casseruola media, unire il riso, l'acqua e un pizzico di sale. Portare a ebollizione, quindi ridurre la fiamma al minimo e cuocere a fuoco lento, coperto, finché l'acqua non viene assorbita e il riso è tenero, circa 15-20 minuti.

2. **Aggiungere il latte di cocco e lo zucchero:** Una volta cotto il riso, mescolare il latte di cocco, lo zucchero e metà della scorza di lime. Cuocere a fuoco medio, mescolando spesso, finché il composto non si addensa e diventa cremoso, circa 15-20 minuti. Mescolare spesso per evitare che si attacchi e garantire una cottura uniforme.

3. **Completare con il lime:** Togliere la pentola dal fuoco e mescolare il succo di lime e l'estratto di vaniglia. Il succo di lime aggiunge una nota rinfrescante che spezza la cremosità del latte di cocco.

4. **Raffreddare (facoltativo):** Anche se questo budino può essere servito tiepido, il raffreddamento in frigorifero per qualche ora ne migliorerà il sapore e la consistenza. Se preferite un dessert freddo, lasciate raffreddare il budino a temperatura ambiente prima di coprirlo e riporlo in frigorifero.

5. **Servire:** Versare il budino di riso in ciotole o bicchieri da portata. Guarnite con la scorza di lime rimanente, il cocco grattugiato tostato e le fette di lime per una presentazione bella e gustosa.

Informazioni nutrizionali (per porzione, valore guida):

Calorie: 200-250 Proteine: 3-4 g Fibre: 1-2 g Grassi: 14-16 g (principalmente dal latte di cocco) Carboidrati: 20-25 g Zuccheri: 10-12 g

Suggerimenti per la personalizzazione:

- **Regolazione della dolcezza: regolare** la dolcezza in base ai propri gusti modificando la quantità di zucchero. In alternativa, è possibile utilizzare miele, sciroppo d'acero o un sostituto dello zucchero.

- **Varietà di riso:** il riso Arborio conferisce al budino una consistenza cremosa, ma si possono usare anche altre varietà di riso a chicco corto. Sperimentate per trovare la consistenza che preferite.

- **Altri sapori:** Per esaltare il tema tropicale, aggiungete del mango o dell'ananas tagliato a cubetti prima di raffreddare. Questo aggiungerà un ulteriore strato di sapore e consistenza al budino.

Barrette pronte da cuocere al cioccolato e al burro di arachidi

Ingredienti:

- Burro di arachidi naturale: 200 grammi (liscio o croccante, a seconda delle preferenze)
- Sciroppo d'acero puro: 30 grammi
- Avena maturata: 200 grammi (se necessario, senza glutine)
- Semi di lino o di chia macinati: 30 grammi (per apportare ulteriori nutrienti)
- Gocce di cioccolato fondente: 1/2 tazza (preferibilmente 70% di cacao o superiore)
- Olio di cocco: 15 grammi
- Estratto di vaniglia: 1 cucchiaino
- Un pizzico di sale

Istruzioni:

1. **Preparare la base:** In una grande ciotola, unire il burro di arachidi, lo sciroppo d'acero, l'estratto di vaniglia e un pizzico di sale. Mescolare fino a ottenere un composto omogeneo. Aggiungere al composto l'avena e i semi di lino o di chia macinati e mescolare fino a ottenere un composto omogeneo.

2. **Foderare** una teglia quadrata (8x8 pollici) con carta da forno, lasciando una piccola sporgenza sui lati per facilitare la rimozione. Versare il composto di burro di arachidi e farina d'avena nella teglia preparata. Premere con forza con il dorso di un cucchiaio o con le mani per creare uno strato uniforme e compatto.

3. **Sciogliere il cioccolato:** In una piccola ciotola adatta al microonde, mescolare il cioccolato fondente e l'olio di cocco. Riscaldare nel microonde a intervalli di 30 secondi, mescolando di tanto in tanto, finché il cioccolato non è completamente sciolto e liscio.

4. **Ricoprire con il cioccolato:** Versare il cioccolato fuso sulla base di burro di arachidi e distribuirlo uniformemente con una spatola o il dorso di un cucchiaio.

5. **Raffreddare:** Mettere le barrette in frigorifero per almeno 1 ora, o fino a quando lo strato di cioccolato non si sarà rappreso e le barrette non si saranno rassodate.

6. **Tagliare a fette e servire:** Sollevare le barrette dallo stampo, usando la carta da forno in eccesso come manico. Disporre su un tagliere e tagliare a barrette o a quadratini.

Informazioni nutrizionali (per barretta, approssimative):

Calorie: 150-200 Proteine: 4-6 g Fibre: 2-3 g Grassi: 10-12 g (principalmente da burro di arachidi e cioccolato fondente) Carboidrati: 15-20 g Zuccheri: zucchero naturale da sciroppo d'acero e cioccolato fondente

Suggerimenti per la personalizzazione:

- **Alternative al burro di noci:** Se siete allergici alle arachidi o semplicemente preferite un sapore diverso, il burro di mandorle, il burro di anacardi o il burro di semi di girasole sono ottime alternative.
- **Aggiunte:** Per aumentare la consistenza e il sapore, si possono mescolare al composto di burro di arachidi noci tritate, cocco sminuzzato o frutta secca prima di pressarlo nello stampo.

Banana al forno con miele e noci

Ingredienti:

- Banane mature: 4, sbucciate
- Miele: 4 cucchiai
- Noci: ½ tazza, tritate
- Cannella macinata: ½ cucchiaino da tè
- Burro: 15 grammi, fuso (facoltativo)
- Yogurt greco o gelato alla vaniglia: per servire (facoltativo)

Istruzioni:

1. **Preriscaldare il forno:** per prima cosa preriscaldare il forno a 175°C (350°F). Questa temperatura è ideale per cuocere delicatamente le banane e permettere al miele di caramellare leggermente.

2. **Preparare le banane:** Tagliare le banane a metà nel senso della lunghezza e disporle con il lato tagliato verso l'alto in una teglia. Se preferite, potete lasciare le banane intere e inciderle al centro per creare una tasca per il miele e le noci.

3. **Aggiungere la guarnizione:** Irrorare ogni metà di banana con il miele in modo che penetri all'interno e intorno al frutto. Cospargete le banane con le noci tritate e un pizzico di cannella macinata per aggiungere calore e sapore. Se volete, potete spennellare ogni metà di banana con un po' di burro fuso per renderla ancora più ricca.

4. **Cuocere:** Mettere la teglia nel forno preriscaldato e cuocere per 15-20 minuti, finché le banane non saranno morbide e le noci tostate. Il tempo di cottura esatto può variare a seconda delle dimensioni e del grado di maturazione delle banane.

5. **Servire:** Una volta cotte, togliere le banane dal forno e lasciarle raffreddare per qualche minuto. Servire tiepide con un cucchiaio di yogurt greco o una pallina di gelato alla vaniglia per creare un contrasto cremoso con le banane calde e caramellate.

Informazioni nutrizionali (per porzione, valore guida):

Calorie: 200-250 Proteine: 2-4 g Fibre: 3-4 g Grassi: 8-10 g (principalmente dalle noci ed eventualmente dal burro) Carboidrati: 35-40 g Zuccheri: zucchero naturale dalle banane e miele aggiunto

Suggerimenti per la personalizzazione:

- **Varietà di noci:** Le noci sono un'accoppiata classica, ma si può sperimentare anche con altra frutta secca come noci pecan, mandorle o nocciole per ottenere consistenze e sapori diversi.

- **Regolare la dolcezza:** Regolate la quantità di miele a seconda della dolcezza delle banane e delle vostre preferenze personali. Lo sciroppo d'acero può essere una deliziosa alternativa al miele.

- **Aromi aggiuntivi:** Aggiungete altre spezie come noce moscata, cardamomo o estratto di vaniglia alle banane prima di cuocerle per ottenere diversi profili di sapore.

Tartufo di mandorle e datteri

Ingredienti:

- Datteri Medjool: 200 grammi, snocciolati e tritati grossolanamente
- Mandorle crude: 200 grammi
- Burro di mandorle: 30 grammi
- Cacao in polvere non zuccherato: 30 grammi, più un supplemento per la stesura del prodotto.
- Estratto di vaniglia: 1 cucchiaino
- Sale marino: un pizzico
- Cocco tritato o mandorle tritate: Per arrotolare (facoltativo)

Istruzioni:

1. **Lavorare i datteri e le mandorle:** Mettere i datteri e le mandorle tritate in un robot da cucina. Lavorare fino a quando il composto è finemente tritato e si tiene insieme quando viene premuto. Ciò potrebbe richiedere alcuni minuti e potrebbe essere necessario raschiare di tanto in tanto i lati della ciotola.
2. **Aggiungere gli aromi:** Al composto di datteri e mandorle, aggiungere il burro di mandorle, il cacao in polvere, l'estratto di vaniglia e un pizzico di sale marino. Lavorare di nuovo fino a quando il composto è ben combinato e forma un impasto appiccicoso.
3. **Formare i tartufi:** Prelevare piccole quantità di impasto e farle rotolare in palline, della grandezza di una noce. Con l'impasto si dovrebbero ottenere circa 12-15 tartufi, a seconda delle dimensioni.
4. **Rotolare nel cacao o nella noce di cocco:** rotolare ogni tartufo nel cacao in polvere, nella noce di cocco o nelle mandorle tritate per ricoprirlo. Questo non solo aggiunge un ulteriore strato di sapore, ma rende i tartufi meno appiccicosi.
5. **Raffreddare:** Disporre i tartufi su un piatto o una teglia rivestita di carta da forno. Mettere in frigorifero per almeno 30 minuti per farli rassodare.
6. **Servire:** Gustare i tartufi al fresco. Possono essere conservati in un contenitore ermetico in frigorifero per un massimo di 2 settimane.

Informazioni nutrizionali (per tartufo, approssimative):

Calorie: 100-120 Proteine: 2-3 g Fibre: 3-4 g Grassi: 6-7 g (principalmente da mandorle e burro di mandorle)
Carboidrati: 12-14 g Zuccheri: zucchero naturale da datteri

Suggerimenti per la personalizzazione:

- **Varianti con frutta a guscio e semi:** è possibile sostituire le mandorle con altra frutta a guscio come anacardi, noci o noci pecan per ottenere un sapore e una consistenza diversi. L'aggiunta di semi come quelli di chia o di lino può migliorare il profilo nutrizionale.
- **Aggiunte di sapore:** Sperimentate l'aggiunta di spezie come la cannella, la noce moscata o il cardamomo per conferire alla miscela calore e profondità di sapore.

Crostata di frutti di bosco

Ingredienti:

Per il ripieno di bacche:

- Frutti di bosco misti: 550 g (freschi o congelati e scongelati - ad esempio fragole, mirtilli, lamponi e more)
- Zucchero semolato: ½ tazza (regolare in base alla dolcezza dei frutti di bosco)
- Farina di mais: 30 grammi
- Succo di limone: 15 grammi
- Scorza di limone: 1 cucchiaino

Per il rivestimento della crostata:

- Farina integrale: 200 grammi
- Zucchero semolato: ¼ di tazza
- Lievito in polvere: 1½ cucchiaino da tè
- Sale: ¼ di cucchiaino
- Burro freddo non salato: ¼ di tazza (tagliato a pezzetti)
- Latte: ⅓ di tazza (qualsiasi tipo)
- Estratto di vaniglia: 1 cucchiaino

Istruzioni:

1. **Preriscaldare il forno:** preriscaldare prima il forno a 190°C (375°F). In questo modo il forno sarà pronto a cuocere non appena la torta sarà assemblata.

2. **Preparare il ripieno di frutti di bosco:** In una ciotola capiente, unire i frutti di bosco misti, lo zucchero, la maizena, il succo e la scorza di limone. Mescolare delicatamente fino a quando i frutti di bosco non saranno uniformemente ricoperti di zucchero e maizena. Versare il composto di bacche in una tortiera unta da 9 pollici o in una teglia di dimensioni simili.

3. **Preparare il condimento del cobbler:** In una ciotola di medie dimensioni, sbattere insieme la farina, lo zucchero, il lievito e il sale. Aggiungete i pezzi di burro freddo alla miscela di farina e, usando un tagliapasta o le dita, lavorate il burro nella farina fino a ottenere un composto simile a briciole grossolane. Aggiungere il latte e l'estratto di vaniglia fino ad ottenere un composto ben amalgamato, senza esagerare.

4. **Assemblare il cobbler:** Distribuire la copertura del cobbler sul ripieno di frutti di bosco in modo da coprirlo il più possibile. Non c'è problema se ci sono degli spazi vuoti; il condimento si spalmerà durante la cottura.

5. **Cuocere:** Mettete il cobbler nel forno preriscaldato e fatelo cuocere per 35-40 minuti, finché la copertura non sarà dorata e il ripieno di bacche non sarà spumeggiante sui bordi.

6. **Raffreddare e servire:** Lasciare raffreddare il cobbler per almeno 10 minuti prima di servirlo. Questo dessert è più buono se accompagnato da una pallina di gelato alla vaniglia o da un po' di panna montata.

Informazioni nutrizionali (per porzione, valore guida):

Calorie: 200-250 Proteine: 3-4 g Fibre: 3-5 g Grassi: 7-9 g (principalmente dal burro della guarnizione) Carboidrati: 35-40 g Zuccheri: Zuccheri naturali e aggiunti

Suggerimenti per la personalizzazione:

- **Varianti di frutti di bosco:** Potete utilizzare qualsiasi combinazione di frutti di bosco che avete a portata di mano o che preferite. È possibile utilizzare anche singoli frutti di bosco per ottenere un sapore più intenso.

Mousse di avocado e cioccolato

Ingredienti:

- Avocado maturi: 2, sbucciati e snocciolati
- Cacao in polvere non zuccherato: 1/2 tazza
- Sciroppo d'acero puro: 30 grammi (regolare a piacere)
- Latte di cocco: 30 grammi (o latte di mandorla per una versione più leggera)
- Estratto di vaniglia: 1 cucchiaino
- Sale marino: un pizzico
- Guarnizione facoltativa: Panna di cocco montata, frutti di bosco freschi, cioccolato grattugiato o noci.

Istruzioni:

1. **Ridurre in purea gli ingredienti:** Mettere in un frullatore o in un robot da cucina l'avocado maturo, il cacao in polvere non zuccherato, lo sciroppo d'acero, il latte di cocco, l'estratto di vaniglia e un pizzico di sale marino. Frullare fino a ottenere un composto liscio e cremoso. Raschiare i lati se necessario per assicurarsi che tutti gli ingredienti siano ben incorporati.
2. **Regolare la dolcezza:** Assaggiare la mousse e regolare la dolcezza aggiungendo un po' di sciroppo d'acero, se necessario. La quantità di dolcezza può variare a seconda del grado di maturazione dell'avocado e delle preferenze personali.
3. **Lasciare raffreddare:** Versare la mousse in ciotole individuali o in una ciotola grande. Coprire e conservare in frigorifero per almeno 1 ora, o finché la mousse non si sarà raffreddata e rassodata. Questa fase è importante per consentire alla mousse di svilupparsi nella giusta consistenza e ai sapori di fondersi insieme.
4. **Servire:** Guarnire la mousse di avocado e cioccolato raffreddata con crema di cocco, frutti di bosco freschi, scaglie di cioccolato o frutta secca a scelta.

Informazioni nutrizionali (per porzione, valore guida):

- Calorie: 250-300
- Proteine: 3-4 g
- Fibra alimentare: 7-10 g
- Grassi: 15-20 g (principalmente grassi sani provenienti dall'avocado)
- Carboidrati: 25-30 g
- Zucchero: zucchero naturale da sciroppo d'acero

Suggerimenti per la personalizzazione:

- **Variazioni di gusto:** Per ottenere un profilo di sapore diverso, si può aggiungere alla miscela un caffè espresso, un pizzico di cannella o una spruzzata del liquore preferito.
- **Opzioni per il dolcificante:** lo sciroppo d'acero può essere sostituito con miele, sciroppo d'agave o anche con qualche goccia di stevia per una versione meno calorica.

Torta di carote con glassa allo yogurt greco

Ingredienti:

Per la torta:

- Farina di frumento integrale: 1 ½ tazza
- Lievito in polvere: 1 cucchiaino
- Bicarbonato di sodio: ½ cucchiaino da tè
- Cannella macinata: 1 cucchiaino e mezzo
- Noce moscata: ½ cucchiaino da tè
- Sale: ½ cucchiaino
- Uova: 2, grandi
- Sciroppo d'acero o miele: ½ tazza
- Salsa di mele non zuccherata: ½ tazza
- Olio d'oliva o olio di cocco fuso: ¼ di tazza
- Estratto di vaniglia: 1 cucchiaino
- Carote: 400 grammi, grattugiate finemente
- Noci o noci pecan: ½ tazza, tritate (facoltativo)
- Uva sultanina: ½ tazza (facoltativa)

Per la glassa:

- Yogurt greco: 200 grammi, spesso (se necessario, filtrato)
- Formaggio cremoso: 65 gr, ammorbidito
- Sciroppo d'acero o zucchero a velo: ¼ di tazza (regolare a piacere)
- Estratto di vaniglia: 1 cucchiaino

Istruzioni:

1. **Preparare la torta:** Preriscaldare il forno a 175 °C. Imburrare e infarinare una tortiera rotonda da 9 pollici o foderarla con carta da forno. In una ciotola di medie dimensioni, sbattere insieme la farina integrale, il lievito, il bicarbonato, la cannella, la noce moscata e il sale.

2. **Mescolare gli ingredienti umidi:** In una grande ciotola, sbattere insieme le uova, lo sciroppo d'acero (o il miele), la salsa di mele, l'olio e l'estratto di vaniglia fino a ottenere un composto omogeneo. Aggiungere gradualmente gli ingredienti secchi a quelli umidi e mescolare finché non sono ben combinati. Aggiungere le carote grattugiate, le noci e l'uva sultanina (se si usa).

3. **Cuocere:** Versare l'impasto nella tortiera preparata. Lisciare la parte superiore e cuocere per 25-30 minuti, o finché uno stuzzicadenti inserito nel centro non esce pulito. Lasciare raffreddare la torta nella tortiera per 10 minuti, quindi sformarla su una griglia e lasciarla raffreddare completamente.

4. **Preparare la glassa:** In una terrina, sbattere lo yogurt greco, il formaggio cremoso ammorbidito, lo sciroppo d'acero (o lo zucchero a velo) e l'estratto di vaniglia fino a ottenere un composto liscio e cremoso. Se la glassa è troppo sottile, raffreddarla in frigorifero per 30 minuti o un'ora per farla rassodare.

5. **Assemblare:** Una volta che la torta si è raffreddata, spalmare la glassa allo yogurt greco. Se si desidera, cospargere con noci tritate o cannella per la decorazione.

Informazioni nutrizionali (per porzione, valore guida):

- Calorie: 200-250
- Proteine: 5-7 g
- Fibra alimentare: 2-4 g
- Grassi: 9-11 g (principalmente da noci e olio)
- Carboidrati: 30-35 g
- Zucchero: zucchero naturale da sciroppo d'acero e frutta

Suggerimenti per la personalizzazione:

- **Opzioni di farina:** Per una versione senza glutine, sostituire la farina di frumento integrale con una miscela di farina integrale senza glutine.
- **Alternative allo zucchero: regolare** il tipo e la quantità di dolcificante sia nella torta che nella glassa in base alle proprie esigenze e preferenze alimentari.
- **Additivi:** modificate la vostra torta di carote con ingredienti aggiuntivi come ananas, cocco o spezie varie per creare un profilo di sapore unico.

"Torta di carote con glassa allo yogurt greco" combina il fascino rustico della torta di carote con il desiderio moderno di dessert più salutari.

Parfait allo yogurt con limone e mirtilli

Ingredienti:

- Yogurt greco: 2 tazze (normale o alla vaniglia, a seconda della dolcezza desiderata)
- Mirtilli freschi: 200 grammi
- Buccia di limone: da 1 limone
- Succo di limone: 30 grammi
- Miele o sciroppo d'acero: 30 grammi (a seconda del gusto)
- Muesli: ½ tazza (scegliere una varietà a basso contenuto di zucchero per un'opzione più sana)
- Lemon curd: ¼ di tazza (facoltativo per un tocco di limone in più)
- Foglie di menta: per guarnire (facoltativo)

Istruzioni:

1. **Mescolare lo yogurt:** In una ciotola di medie dimensioni, unire lo yogurt greco, la scorza di limone, il succo di limone e il miele (o lo sciroppo d'acero). Mescolare fino a ottenere un composto omogeneo e ben combinato. Regolare la dolcezza in base ai propri gusti.
2. **Stratificare il parfait:** Iniziate ad assemblare il parfait in barattoli trasparenti o in vasi da conserva per garantire una presentazione visivamente accattivante. Iniziate con uno strato di yogurt greco aromatizzato al limone sul fondo.
3. **Aggiungere la frutta e il muesli:** Aggiungere uno strato di mirtilli freschi sopra lo strato di yogurt. Se si utilizza il lemon curd, aggiungerne uno strato sottile sui mirtilli per ottenere un sapore di limone extra. Cospargere uno strato di muesli sui frutti di bosco per ottenere una consistenza croccante.
4. **Ripetere gli strati:** strati di yogurt, mirtilli (e lemon curd se desiderato) e granola fino a riempire i bicchieri. Cercate di ottenere almeno due strati di ogni ingrediente e terminate con uno strato di mirtilli o di granola.
5. **Guarnire e servire:** Guarnite il parfait con un po' di scorza di limone e qualche foglia di menta per una finitura fresca e saporita. Servite il parfait immediatamente in modo che raggiunga la sua consistenza ottimale, oppure mettetelo in frigorifero fino a un'ora prima di servirlo.

Informazioni nutrizionali (per porzione, valore guida):

Calorie: 200-250 Proteine: 10-12 g Fibre: 2-4 g Grassi: 3-5 g (principalmente dallo yogurt e dal muesli)
Carboidrati: 35-40 g Zuccheri: Zucchero naturale dalla frutta e dolcificanti aggiunti

Suggerimenti per la personalizzazione:

- **Alternative allo yogurt:** Per una versione priva di latticini, si può utilizzare lo yogurt di cocco, lo yogurt al latte di mandorla o un'altra alternativa di yogurt a base vegetale.
- **Varianti di frutta:** Se i mirtilli e il limone sono una combinazione classica, si possono usare anche altri frutti come fragole, lamponi o more per una versione con frutti di bosco misti.

Bevande e frullati idratanti
Frullato verde detox

Ingredienti:

- Spinaci: 200 grammi (freschi o congelati)
- Cetriolo: 1 medio, tagliato a pezzi
- Mela verde: 1, privata del torsolo e tagliata a fette
- Gambi di sedano: 2, tritati
- Zenzero fresco: pezzo da 1 pollice, sbucciato
- Succo di limone: da 1 limone
- Acqua o acqua di cocco: 200 grammi
- Cubetti di ghiaccio: facoltativo, per servire

Istruzioni:

1. **Preparare gli ingredienti:** Lavare accuratamente tutti gli ingredienti freschi. Tagliare il cetriolo, affettare la mela verde, tagliare il sedano e sbucciare lo zenzero.
2. **Purea:** Mettere nel frullatore gli spinaci, il cetriolo a pezzetti, la mela verde a fette, il sedano a pezzetti, lo zenzero sbucciato e il succo di limone. Aggiungere acqua o acqua di cocco per amalgamare gli ingredienti in modo uniforme. Frullare fino a ottenere un composto completamente liscio e consistente.
3. **Regolare la consistenza:** Se il frullato è troppo denso, aggiungere un po' di acqua o di acqua di cocco fino a raggiungere la consistenza desiderata.
4. **Servire:** Versare il frullato in bicchieri e aggiungere cubetti di ghiaccio per raffreddare la bevanda, se necessario. Servire immediatamente per massimizzare il valore nutrizionale.

Informazioni nutrizionali (per porzione, valore guida):

- Calorie: 100-120
- Proteine: 2-3 g
- Fibra alimentare: 4-5 g
- Grassi: 0-1 g
- Carboidrati: 25-30 g
- Zucchero: zucchero naturale della frutta

Suggerimenti per la personalizzazione:

- **Regolare la dolcezza:** Se preferite un frullato più dolce, aggiungete una piccola quantità di miele, sciroppo d'acero o un pezzo di banana matura.
- Per aumentare le **proteine,** potete aggiungere un misurino della vostra polvere proteica vegetale preferita o dello yogurt greco.

Frullato proteico con mirtilli e spinaci

Ingredienti:

- Mirtilli freschi o congelati: 200 grammi
- Spinaci freschi: 200 grammi, ben confezionati
- Proteine vegetali in polvere: 1 misurino (preferibilmente alla vaniglia o non aromatizzate)
- Latte di mandorla non zuccherato (o un latte a scelta): 200 grammi
- Banana: 1, matura (la banana congelata funziona bene per un frullato più denso)
- Semi di chia o semi di lino: 15 grammi (facoltativi, per aggiungere acidi grassi omega-3 e fibre)
- Cubetti di ghiaccio: facoltativi, per un maggiore raffreddamento e spessore.

Istruzioni:

1. **Ridurre in purea gli ingredienti:** Mettere in un frullatore ad alta velocità i mirtilli, gli spinaci, le proteine in polvere, il latte di mandorla, la banana e i semi di chia o di lino. Per un frullato più fresco e denso, aggiungere eventualmente dei cubetti di ghiaccio.

2. **Lavorare fino a ottenere un composto omogeneo: frullare** ad alta velocità fino a ottenere un composto completamente omogeneo. Assicurarsi che non ci siano pezzi di foglie o mirtilli non mescolati per ottenere una consistenza uniforme.

3. **Regolare la consistenza:** Se il frullato è troppo denso, aggiungere un po' di latte di mandorla fino a raggiungere la consistenza desiderata. Se è troppo sottile, si può aggiungere altra banana congelata o una manciata di cubetti di ghiaccio e frullare di nuovo.

4. **Aromatizzare e regolare:** assaggiare il frullato e regolare la dolcezza se necessario. Si può aggiungere un po' di miele, sciroppo d'acero o qualche goccia di stevia se si preferisce un frullato più dolce.

5. **Servire immediatamente:** Versare il frullato in un bicchiere e gustarlo immediatamente per beneficiare dei nutrienti e della freschezza.

Informazioni nutrizionali (per porzione, valore guida):

Calorie: 250-300 Proteine: 15-20 g (a seconda delle proteine in polvere utilizzate) Fibre: 4-6 g Grassi: 3-5 g Carboidrati: 40-45 g Zuccheri: zucchero naturale della frutta

Suggerimenti per la personalizzazione:

- **Opzioni per le proteine in polvere:** È possibile utilizzare proteine del siero del latte, della soia, dei piselli o qualsiasi altro tipo di polvere proteica. Ognuna offre un sapore e un profilo nutrizionale diverso.
- **Variazioni di frutta:** Si possono aggiungere anche altri frutti di bosco, come fragole o lamponi, per aggiungere antiossidanti e sapore.
- **Varianti verdi:** Il cavolo riccio può essere utilizzato al posto o in aggiunta agli spinaci per un ulteriore apporto nutrizionale.

Il frullato proteico di mirtilli e spinaci è una miscela versatile e potente, perfetta per incorporare più frutta e verdura nella dieta, favorendo il recupero muscolare e il senso di sazietà.

Acqua con cetriolo e menta

Ingredienti:

- Cetriolo: 1 cetriolo di media grandezza, tagliato a fette sottili
- Foglie di menta fresca: una manciata, leggermente schiacciate per rilasciare l'aroma
- Acqua: circa 8 tazze (o riempire una brocca)
- Cubetti di ghiaccio: facoltativo, per servire

Istruzioni:

1. **Preparare gli ingredienti:** Lavare accuratamente il cetriolo e le foglie di menta. Tagliare il cetriolo a fette sottili e schiacciare leggermente le foglie di menta con le dita o con il dorso di un cucchiaio per far uscire gli oli aromatici.

2. **Unire in una brocca:** In una brocca grande, unire il cetriolo tagliato a fette e le foglie di menta. Riempire la brocca con acqua. Per migliorare l'infusione, è possibile schiacciare leggermente il cetriolo e la menta sul fondo della brocca prima di aggiungere l'acqua.

3. **Raffreddare e lasciare in infusione:** Coprire la brocca e metterla in frigorifero per almeno 2 ore o per tutta la notte per permettere agli aromi di infondersi nell'acqua. Più a lungo si lascia riposare, più i sapori diventano pronunciati.

4. **Servire:** Riempire i bicchieri con cubetti di ghiaccio (se si usano) e versarvi sopra l'acqua infusa. Guarnire con altre fette di cetriolo o un rametto di menta per decorare la bevanda.

5. **Conservare:** Conservare l'acqua infusa in frigorifero e consumarla entro 24-48 ore per mantenerne il sapore e la freschezza.

Informazioni nutrizionali (per porzione, valore guida):

- Calorie: 0-5
- Proteine: 0 g
- Fibra alimentare: 0 g
- Grassi: 0 g
- Carboidrati: 0-1 g
- Zucchero: 0 g

Suggerimenti per la personalizzazione:

- **Aromi aggiuntivi:** Per ottenere un profilo aromatico vario, potete aggiungere altri ingredienti all'infusione, ad esempio fette di limone o lime, zenzero fresco o frutti di bosco.
- **Varianti alle erbe:** In aggiunta o al posto della menta, altre erbe fresche come basilico, rosmarino o timo possono dare un tocco speciale al sapore.
- Per una versione **frizzante,** sostituire metà dell'acqua liscia con acqua frizzante poco prima di servire.

Tè allo zenzero e limone

Ingredienti:

- Radice di zenzero fresco: pezzo di 2 pollici, sbucciato e affettato sottilmente
- Limone: 1, spremuto, con la scorza (facoltativo)
- Miele: 1-30 grammi (a seconda del gusto)
- Acqua: 550 grammi
- Facoltativo: un pizzico di curcuma o di pepe di Caienna per ottenere ulteriori benefici per la salute.

Istruzioni:

1. **Preparare il tè:** Portare a ebollizione l'acqua in una casseruola di medie dimensioni. Aggiungere lo zenzero a fettine, ridurre il fuoco e lasciare sobbollire il tè per 15-20 minuti. Più a lungo il tè sobbolle, più forte sarà il sapore dello zenzero.
2. **Aggiungere il limone:** Una volta raggiunta l'ebollizione, togliere la pentola dal fuoco. Aggiungere il succo di limone (e la scorza, se si usa) al tè allo zenzero. Il limone non solo aggiunge vitamina C, ma esalta anche il sapore del tè e gli conferisce una nota rinfrescante.
3. **Dolcificare:** mescolare il miele a piacere. Il miele non solo addolcisce il tè, ma fornisce anche una serie di antiossidanti e proprietà lenitive particolarmente utili per il mal di gola.
4. **Servire:** Filtrate il tè nelle tazze e scartate le fette di zenzero (e la buccia, se usata). Se lo si desidera, aggiungere un pizzico di curcuma o di pepe di Caienna a ogni tazza per promuovere la salute e aromatizzare il tè.
5. **Gustare:** sorseggiare il tè mentre è caldo per goderne al massimo l'effetto e il calore accogliente.

Informazioni nutrizionali (per porzione, valore guida):

- Calorie: 20-40 (principalmente dal miele)
- Proteine: 0 g
- Fibra alimentare: 0 g
- Grassi: 0 g
- Carboidrati: 5-10 g
- Zucchero: zuccheri naturali del miele

Suggerimenti per la personalizzazione:

- **Additivi a base di erbe:** Per un sapore più complesso o per ottenere ulteriori benefici, è possibile aggiungere all'infuso una bustina della propria tisana preferita (ad esempio, camomilla o menta piperita).
- **Varianti di dolcificanti:** Se il miele non è il vostro dolcificante preferito, potete addolcire il tè con alternative come lo sciroppo d'acero, la stevia o lo sciroppo d'agave.

CODICE QR PER SCARICARE IL PIANO ALIMENTARE DI 90 GIORNI

Immagini da <a href="https://it.freepik.com/foto-gratuito/vista-dall-alto-di-hummus-con-assortimento-di-verdure-e-nastro-di-misurazione_8481268.htm#query=diet&position=1&from_view=search&track=sph&uuid=10ede06d-37a6-42fb-827b-a9833bd976db">Freepik</a>

<a href="https://it.freepik.com/foto-gratuito/gamberi-alla-griglia-e-insalata-di-verdure-fresche-cibo-salutare-lay-piatto-insalata-caprese-italiana-con-pomodori-basilico-mozzarella-ingredienti-dell-insalata-caprese-tradizionale-italiana-mediterranea-insalata-greca_14628367.htm#query=diet&position=44&from_view=search&track=sph&uuid=10ede06d-37a6-42fb-827b-a9833bd976db">Immagine by jcomp</a> at Freepik

www.ingramcontent.com/pod-product-compliance
Lightning Source LLC
LaVergne TN
LVHW070215080526
838202LV00067B/6823